Johann Georg Sauter

Zur Hexenbulle 1484

Die Hexerei mit besonderer Berücksichtigung Oberschwabens. Eine culturhistorische Studie

Johann Georg Sauter

Zur Hexenbulle 1484
Die Hexerei mit besonderer Berücksichtigung Oberschwabens. Eine culturhistorische Studie

ISBN/EAN: 9783743420434

Hergestellt in Europa, USA, Kanada, Australien, Japan

Cover: Foto ©ninafisch / pixelio.de

Manufactured and distributed by brebook publishing software (www.brebook.com)

Johann Georg Sauter

Zur Hexenbulle 1484

Zur Hexenbulle 1484.

Die Hexerei,

mit besonderer Berücksichtigung

Oberschwabens.

Eine culturhistorische Studie,

von

Dr. Sauter, Pfarrer.

Ulm, 1884.

Druck und Verlag der J. Ebner'schen Buchhandlung.

Den Anstoß zur Ausarbeitung vorliegender Broschüre gab ein Einblick in die neueste Literatur über die Hexenprozesse.

Zu zwei Vorträgen, voriges Jahr in einem Bürger-Verein gehalten, benützte ich einfach oberschwäbische Prozeß-Akten. In Folge dessen wurde ich auf weiteres Material aufmerksam gemacht, aber auch von verschiedener Seite ersucht, das Ergebniß meiner Studien zu veröffentlichen.

Nachdem ich von den neuesten Werken so weit mir möglich Einsicht genommen, habe ich gefunden, daß ich nicht bloß in der Lage bin, **interessante Hexenprozeß-Akten von Oberschwaben zusammenzustellen und zugleich wenigstens theilweise die Literatur über die Hexenprozesse zu ergänzen**, sondern daß es geradezu geboten ist, die schwersten **Anklagen**, welche in dem bedeutendsten dieser Werke gegen die **katholische Kirche** geschleudert werden, nach dem Ergebniß meiner Studien mit **Energie zurückzuweisen**.

Da die Hauptanklage sich auf die sogen. Hexenbulle des Papstes Innocenz VIII. vom Jahr 1484 stützt, ist das heurige Jahr 1884 zu deren Abfertigung doppelt geeignet.

Aßmannshardt, im Januar 1884.

Der Verfasser.

Einleitung.

Aus der neuesten Literatur die Schlagpunkte hervor=
gehoben.

Professor Dr. Osterdinger hielt im Anschlusse an das Eßlinger Blutbuch de Anno 1600—1725, die Hinrichtung der Hexenleute betreffend, im Juni 1882 zu Ulm im Verein für Kunst und Alter=thum einen Vortrag. Das Resultat seiner Studien gab er in dem Satze: „Da der Hexenglaube unter dem Volke ziemlich allgemein ist, so glaube ich, daß, wenn die Juristen mehr an den Teufel glauben würden, und dieselben noch die Tortur zu Hilfe nehmen dürften, wir Hexenprozesse in Menge hätten."
In einem Vortrage, den Dr. St. Braun nach Nro. 37 und 38 des Freib. katholischen Kirchenblattes 1882 im kath. Vereinshause in Freiburg hielt, legte er 1) „einige Proben aus den Akten" vor, be=trachtete 2) „die Stellung der Kirche gegenüber dem Hexen= und Zauber=wesen" und faßte 3) „die hauptsächlichsten Erklärungsversuche dieser räthselhaften und dunklen Vorgänge in's Auge", wobei er sich beson=ders auf Dr. Schreiber beruft, der den „Zusammenhang des Hexen= und Zauberwesens mit den heidnischen Religions=gebräuchen" nachweist, in dem sich „diabolischer Haß gegen das Christenthum" offenbart, der „Hexensabbath förmlicher Teufelsdienst" wird und die „Unzucht bis zur Unnatur" sich steigert.
Das Freiburger Diözesanarchiv 1882, Bd. 15. S. 95 ff., bringt „Verhöre und Verurtheilung in einem Hexenprozesse zu Triers=perg im Jahr 1486" nach den Mittheilungen aus dem Freiherrl. v. Roeder'schen Archive von Felix Freiherr Roeder v. Diersburg. Die „Nachschrift" schließt mit den Worten: „Das entsetzliche Uebel in seiner innern und äußern Verkettung mit dem damaligen Leben und Zeitgeist erschien als unheilbar; dasselbe mußte ausgerottet werden mit Stumpf und Stiel, und hiezu bienten die Folter und der Scheiter=haufen. „„Die Gesellschaft hatte es erzeugt und sollte es auch büßen.""

In dem neuesten 2. Hefte des 11. Bandes der **Alemannia** von Dr. Birlinger werden drei resp. vier Auszüge aus Hexenprozessen von Königseggwald veröffentlicht, welche Dr. Buck, Oberamtsarzt, vor 25 Jahren gemacht und mit Anmerkungen versehen. Auf sie müssen wir später besonders zu sprechen kommen.

Amtsrichter Beck in Ulm leitet im VI. Jahrg. der **Württemb. Jahrbücher** (1883), Heft 3, S. 247 ff. „Hexenprozesse aus dem Fränkischen" mit der Bemerkung ein: „Die Frage nach der Genesis des Hexenwahns, und wie es denn möglich war, daß Hunderttausende unglücklicher Menschen von den weltlichen Gerichten als Hexen und Zauberer prozessirt, von Rechtswegen gemartert, verurtheilt und hingerichtet werden konnten, ist heute, trotzdem es an eingehenden Forschungen nicht fehlt, noch nicht genügend aufgeklärt, wird aber durch die Sammlung und Sichtung des Materials ihrer Lösung immer näher und näher gebracht werden, namentlich durch die Veröffentlichung möglichst vieler Hexenprozesse nach den Originalakten, deren leider schon die meisten verschwunden sind."

Demselben Zwecke dient A. Schilling im 2. Hefte der genannten Jahrbücher S. 137 durch Auszüge aus dem „Urgichtbuch" der Stadt Ulm vom Jahr 1594—1636 mit den „Verkündzedel" von „3 Hexenverbrennungen zu Ulm" aus den Jahren 1613, 1616 und 1621. Diese Publikation ist von besonderem Werthe, weil Dr. Osterbinger hienach recht gehabt, wenn er vor 2 Jahren schrieb: „In Ulm sollen keine Hexen verbrannt worden sein, was ich jedoch nicht glaube; man wird eben die Prozeßakten noch nicht gefunden haben."

Auch das dritte Heft des „**Broschüren-Cyklus** für das katholische Deutschland", 14. Jahrgang 1879, behandelt „die Hexenprozesse" auf 24 Seiten, in dem es die Fragen beantwortet: 1) „Woher kam der Hexenglaube?" 2) „Was ist von den Hexen zu halten?" 3) „Welches Loos hatten die Unglücklichen?" 4) „Wer hat den Hexenwahn siegreich bekämpft?" Die Antwort auf Frage 2 lautet nach ihrer Begründung: „Die Existenz der Hexen läßt sich somit nicht in Abrede ziehen."

„**Die deutschen Hexenprozesse**" von Paul M. Baumgarten im 5. Heft, 4. Bd. der „Frankfurter zeitgemäße Broschüren" 1883 umfassen 40 Seiten in 11 Abschnitten. Baumgarten kommt zu dem Resultate, daß „der Teufels-Spuck des 16. Jahrhunderts seinen Ursprung in den antichristlichen Strömungen der Renaissance und der Reformation" hat. Dem Clerus mach er den Vorwurf, „daß er diesen Uebelständen nicht mit gebührender Entschiedenheit entgegentrat." „Hätten die Geistlichen ihre Pflicht in jeder Hinsicht gethan, so hätte das gräßliche Gerichtsverfahren und die Verfolgungssucht der aufgeregten Bevölkerung sich nicht an die Stelle der berechtigten, aber wohlgeordneten, kirchlichen Strafgewalt setzen können." Dr. Roby hält diesen Vorwurf in der „Bücherschau" der „kathol. Bewegung in unseren Tagen", Heft 8 S. 384, für „zu stark" und findet es besonders „sehr bedauerlich, daß der Verfasser nicht die neueste Ausgabe von „„Solbans Geschichte der Hexenprozesse, neu bearbeitet von Dr. Heppe 1880,"" vor sich hatte, sondern nur die alte Ausgabe von Solban von 1843 berücksichtigt hat." „Dieses Werk ist unstreitig das gediegenste und angesehenste, welches wir bis jetzt über diese Frage besitzen." (Heft 9, S. 429).

Wir haben Solbans Werk in seiner neuen Bearbeitung benützt; darin aber leider die denkbar schwersten Anklagen gegen die katholische Kirche gefunden. Denn so lesen wir bei Solban mit gesperrtem Drucke Bd. 1 S. 289: „Das Elend, von welchem die Welt durch den Sohn Gottes erlöst worden war, wurde durch das Papstthum von Neuem über die Welt gebracht." — „Das schlimmste aber ist, heißt es im 2. Bd. S. 340 und 346, daß in der katholischen Kirche die Wissenschaft und das Kirchenregiment den heidnischen Dämonismus und den Glauben an die Hexerei auch noch im 19. Jahrhundert zu vertreten und zu lehren wagen können." — „Als eigentliches Dogma der römisch=katholischen Kirche ist die Lehre anzusehen, es gibt eine Hexerei."

So viel zur Orientirung.

Wir zerlegen unsere Abhandlung in folgende 3 Abtheilungen: I. Die Hexenleute; II. Die Hexenprozesse; III. Das Hexenwesen.

I. Die Hexenleute.

Die Hexe.

Dem Wortsinne nach heißt „Hexe" so viel als „die das Landgut, Feld und Flur Schädigende"[1]) Im Glauben des Volkes und zwar im uralten Volksglauben erscheint die Hexe stets als eine Person, die durch übernatürlche Mittel oder noch näherhin durch ihr Bündniß mit dem Teufel Hab und Gut, das Vieh im Stall und das Korn auf dem Felde, ja selbst Gesundheit und Leben der Menschen zu gefährden und zu schädigen vermag. Schaben und Verderben bringen, niemals Heil, Glück und Segen, und diesen Schaden und dieses Verderben bringen durch ihren Bund mit dem Satan, ist das charakteristische Wirken der Hexenleute nach dem uralten Volksglauben. Aber auch die neuern und neuesten Theologen, wie Liguori und Gury, bestimmen die Hexerei im eigentlichsten Sinne des Wortes, das sog. Maleficium als eine durch Hilfe oder Mitwirkung des bösen Feindes ermöglichte Gewalt (vis) oder Kunst (ars) zu schaden.[2]) Hieraus erhellt, daß es die schwerste und darum höchststrafbare Beschuldigung ist, jemanden eine „Hexe" zu nennen, aber auch das erhellt aus der gegebenen Begriffsbestimmung, daß die sog. „Hexenmeister" unserer Tage, welche außerordentliche Heilungen bewirken wollen oder bewirken zu können vorgeben, gar nicht zu den eigentlichen Hexenleuten zu zählen sind. Ein „Hexenmeister" nach dem alten Begriffe war, nebenbei gesagt, nicht immer ein Meister unter den Hexen, sondern auch ein Meister über den Hexen, d. h. der Scharfrichter, dem sie übergeben wurden.

Das Maleficium.

Doch wie verhält es sich näher mit dem Bunde, den die Hexenleute mit dem Satan eingehen, und wie verhält es sich mit dem Schaden, den sie anrichten?

---

1) Grimm's Wörterbuch — Hexe; engl. hag, witch, latein. lamia und sagga, franz. sorcière; wahrscheinlich spanischen Ursprungs und durch die Niederländer den Deutschen bekannt geworden. 2) cfr. später.

Die Antwort hierauf will ich einfach aus den Hexenprozeß-Akten der Stadt Walbsee¹) und den neuesten Auszügen der Akten von Königseggwald und Ulm geben.²) Um das Jahr 1680 (leider fehlt das genaue Datum) wurde einer gewissen Ursula Schulthaiserin, des Maurers Michael Greffers Weib, in Walbsee der Prozeß als Hexe gemacht, wobei diese folgendes Bekenntniß ablegte: Vor Jahren sei der Teufel, den sie „Krautle" nannte, zu ihr über das Bett gekommen und habe von ihr begehrt, sie soll sich ihm ergeben, auch Gott, alle Heiligen und seine Mutter verleugnen, wofür er ihr genug geben wolle. Sie habe in solches gewilligt und ihm die linke Hand darauf geboten, worauf er ihr gleich 2 Kreuzer gegeben, die sie jedoch nachher nicht mehr habe finden können. — Die im Jahre 1621 in Ulm hingerichtete Ilgen Anna zu Nöllingen hatte bekannt, daß der Teufel in Gestalt eines jungen Mannes mit schwarzer „lothosend" Kleidung und zwei Gaisfüßen, Bockhenbelz genannt, ihr im Feld begegnet und sie damals beredt, daß sie sich ihm ergeben, Gott und seinem hl. Wort abgesagt, darauf sie auch der Teufel getauft, habe ihr etwas über das Haupt gegossen, das in die Augen geronnen, dazu gesprochen: „Ich taufe dich in meinem, des Teufels Namen."³) Wir sehen hieraus, daß der Bund mit dem Teufel eingegangen wurde durch den Abfall vom christlichen Glauben, und zwar ist dieser Abfall vom christlichen Glauben so charakteristisch, daß Juden und ungetaufte Zigeuner wohl Zauberer, aber keine Hexen werden können. Jede Hexe ist Christin, katholisch oder protestantisch gewesen. Unter welcher Formel die zwei genannten Hexen Gott u. s. w. verleugneten, ist nicht angegeben. Die gewöhnliche Formel lautete:

„Da stehe ich auf dem Mist,
Verleugne Gott, alle Heiligen
Und meinen Jesum Christ";

oder auch:

„Ich fasse an diesen weißen Rock
Und verleugne Maria's Sohn und Gott."⁴)

---

1) Nach Dr. Carl Haas, „Die Hexenprozesse", Tübingen 1865, S. 87 ff. 2) Dr. M. Buck, O.A.-Arzt in Ehingen, machte diese Auszüge bereits im Jahre 1859, doch wurden sie, wie schon bemerkt, erst im 2. Heft des 11. Bds. der „Alemannia" von Dr. Birlinger veröffentlicht. 3) L c. S. 140. 4) cfr. Solban's Gesch. „Der Hexenprozeß" von Dr. Heppe, Stuttg. 1880, Bd. 1, S. 293.

Mit dem Satan in den Bund getreten, bekennt die Schult=
haiserin: „Vor 2 Jahren habe sie des Organisten falbe Kuh mit einem
weißen Steckchen gestochen, darum sie gestorben. Auch Georg Schüllers
seligen Gais habe sie mit einem weißen Steckchen und Teufelsjalbe
ertödtet; dem Weibe desselben habe sie Wein mit einer grünen Salbe,
die ihr ihr Gespons verschafft habe, zu trinken gegeben, woran sie
gestorben, auch sein Kind habe sie mit einer Salbe getödtet."

Hat die Ursula Schulthaiserin von ihrem Teufel, den sie „Krautle"
nennt, eine grüne Hexensalbe zum Schädigen bekommen, so erhielt
die Ilgen Anna von ihrem Bockhenbelz „ein gelb Selblin zu Ver=
derbung Menschen und Vieh", Sybilla Schuolerin, die
ebenfalls in Waldsee als Hexe verurtheilt wurde, von ihrem Teufel,
den sie „Fäderhans" nennt,¹) eine weiße und gelbe Salbe, die Veronica
Leuchtlin ein bräunliches Pulver, um ihren Mann zu tödten, und
ein gesalbtes Stecklein, um eine Kuh in Teufels Namen zu schlagen.
Die Verena Schneiderin, die ebenfalls Gott und seine Heiligen
verleugnet zu haben bekennt, erhielt von ihrem Buhlen, den sie „Fe=
derlin" heißt, ein schwarzes Pulver und eine schwarze Salbe, mit der
sie 4 Kinder tödtet. Auch habe ihr der böse Geist einen Hafen mit
Wasser gegeben, mit welchem sie Wässer (Ueberschwemmungen) machen
sollte. Aber sie habe kein Wetter zu Stande gebracht: nur Rauch
und Regen sei geworden. Eine gewisse Traut Würtin, die am
5. Juli 1685 in Waldsee verbrannt wurde, bekennt: „Ihr Gespons,
„Fäber Hans", sei vor sechs Jahren in einer Bauerngestalt auf dem
St. Petersberg zu ihr gekommen und habe ihr Geld in einem Briefle
und ein Fuder Holz, das aber nichts nutzig gewesen, als sie
es habe brauchen wollen. Wieder sei er gekommen und habe sie ge=
fragt, ob sie Holz kaufe, worauf sie geantwortet: du hast mich be=
trogen. Er habe ihr ein anderes Geld geben wollen, das sie nicht
genommen. Nun habe er ihr versprochen genug zu geben, wenn sie
Gott, Maria und alle Heiligen verleugne, ihm folge und alleinig sein
eigen sein wolle. All' das sei von ihr mit einem Handschlag zuge=
geben worden." Sie erhielt eine grüne Salbe, mit der sie „Khün=
gelters Sohn in Fäberles und aller Teufel Namen angestrichen und
krumm und lahm gemacht, und ein schwarzes Sälble, mit der sie in
einer Suppe ihre Schwester ertödtet."

---

3) So wurde der Teufel in Süddeutschland besonders deßwegen gerne genannt,
weil er am öftesten mit einem Federnhut auf dem Kopf erscheint.

Von den Auszügen, welche Dr. Buck gemacht, ist am interessantesten „der Prozeß gegen Katharina Bosch von Walb" (Königseggwald)¹), welche am 1. April 1672 zu Hoßkirch „mit dem Schwert vom Leben zum Tod gestraft und ihr Körper zu Staub und Aschen verbrennt werden" sollte. Sie wurde vor 29 oder 30 Jahren eine Hexe durch Buhlschaft mit dem Teufel, den sie „Gebele" nennt. Auch sie mußte Gott und alle Heiligen verleugnen, „außer der Mutter Gottes und der hl. Katharina, ihrer Patronin." Diese merkwürdige Concession begegnet uns auch im Prozesse einer Saulgauer Hexe. Eine gewisse Elisabetha Fuchs hat sich ebenfalls dem Teufel ergeben, muß gleichfalls Gott und die Heiligen verleugnen, „excepto S. Sebastiano, mit Ausnahme des hl. Sebastian, den ihr der Teufel gutwillig gelassen." Wie gefährlich das Maleficium der Bosch für die ganze Gegend geworden, wenn es gelungen wäre, erhellt aus ihrem Geständnisse: „habe im obern Holz zu Ebenweiler 3 Wetter helfen machen, ihrer 5 Hexen seien ungefähr dabei gewesen, als 5. der Teufel, sie haben in einem Häsele gerührt, worauf ein Rauch aufgestiegen und ein Wetter geben, hätt sollen über den Maurer und Altshauser Oesch gehen, sei aber in das nahe gelegene Ried gangen. Die Abredung dessen sei zu Wolpertswende beim Tanz geschehen und dies am Samstag." — Jedoch begnügte sich der Teufel mit der genannten Abschwörung allein nicht und dem bloßen Handschlag, sondern er nahm auch „Blut" von ihr und „hat ihren Namen in ein Brieflein auf dem Fenstersimßen (Gesimse) eingeschrieben."

Ein 12jähriges Mädchen von Ebersbach, das im Jahr 1667 in Altshausen als Hexe hingerichtet wurde, antwortet auf die Frage: „Was es dem Teufel gegeben?" „Blut aus dem rechten Fuß; der Teufel hab's mit dem Messer genommen; den Ort hat es gewiesen. Der Teufel hab das Blut behalten, damit es und sein Mutter eingeschrieben. Das Ort thue ihm noch bisweilen wehe; das erste Mal hab es schreien müssen, hab Ihme eine schwarze Salb darauf geschmiert."²) Anna Millerin von Aufhausen, 1612 in Ulm verbrannt, muß sich selber einschreiben mit dem Blut, das ihr der Teufel „auf der rechten Achsel genommen, und hab ihr die Hand selber geführt."³)

---

1) l. c. S. 115 ff. 2) Manuscr.-Auszug aus dem Raths-Protokoll der Commende Altshausen. 3) Schilling l. c. S. 139.

— 13 —

Noch aus anderen Akten, z. B. denen über die Hexenprozesse der Eßlinger, vernehmen wir, daß der Teufel die Unterschrift mit dem eigenen Blute verlange. So bekannte ein gewisser Hans Elsässer von Plochingen, der am 3. Septbr. 1662 zu Eßlingen verbrannt wurde, daß er „seinen von Gott erschaffenen Leib und seine arme Christi Blut erlöste Seele dem Teufel mit seinem Blute verschrieben." Er erhielt aber auch nöthige die Hexensalbe durch des Teufels Einwerkung die Kunde, „Kinder und Viich zu morden und sie in die Brüche und Hürste zu werfen."

Die Hexensalbe.

Die Hexensalbe spielt eine große Rolle. Die Hexen gebrauchen dieselbe nicht bloß um zu schaden, sondern auch um vermittelst derselben zum Hexentanz zu fahren. Erst wenn die Straken, Gabeln und Besen mit der Hexensalbe bestrichen sind, kann entsprochen oder gefahren werden. Es wird uns vergönnt einige Aeußerungen über deren Bereitung zu geben. Nach Vernehmung des Teufels von der Hexen durch allerhand Ingredienzien besonders aus den gemeinen Stechenkraut (xxxxxxxxxxx niger), dem schlafbringenden Nachtschatten (solanum somniferum) dem Enzerfrass (datura stramonium) und andern natürlichen Mitteln in bereitet; doch dieselbe mit Oel, dem Blute einer Fledermaus, eines Stachelschweins oder mit dem Fette ungetauster ungetaufter Kinder gemischt und eingelegt mit ³). Da die Hexensalbe sich dann besonders wirksam zeige, wenn sie mit dem Fette ungetaufter Kinder gemischt wurde, begegnen wir in den Prozeß-Akten in oft dem Bekenntnisse, daß Kinder im Mutterleibe getödtet wurden. Der Teufel habe es darum auch besonders auf die Hebammen abgesehen, um durch sie leichter ungetaufter Kinder zu seiner Hexensalbe zu bekommen. Er sage die schon genannte Emilie Schauber: Sobald sie Hebamme geworden, sei der böse Geist zu ihr gekommen und habe behändig mit dem Teufel zu ihr geschlungen, daß sie schwangen Weibern, in Kindsnöthen und auch bei den Geburten umgehen und Schaden anfügen solle.³)

---

² Nach einer Kronik „Auszüge aus der Berichten Eslingischer Stadtschreiber um 1600–1775, die Hinrichtung der Hexenleute betreffend." D. St. Seite und s. W. Insbesondere beschreibe von Robert nes Henrik: De praestigiis daemonum et incantationibus ac veneficiis libri VI. Basel 1563. S. II. C. Sect. s. S. K.

Ich nannte Besen, Gabeln und Stecken, deren sich die Hexen bedienten, um auf ihnen, nachdem sie mit der Hexensalbe bestrichen worden, zum Hexentanze zu fahren.

Versammlungs-Orte.

Die Saulgauer Hexen hatten ihre Tänze auf dem sog. Schellenberg bei Saulgau, wie eine bekennt, die in Kameradschaft auf ihrem mit der Hexensalbe bestrichenen Stecken durch den Kamin hinaus über den Pfarrhof hin zum Schellenberg reitet.[1]) Eine Waldseer Hexe holt ihr Buhle selbst und reitet mit ihr auf einem grauen Schimmel auf den Petersberg.[2]) Die Königseggwalder Hexen hatten ihren Tanz „beim breiten Moos zu Ebenweiler", „zu Wolperts-schwende", auch „beim Galgen bei Hoßkirch."[3]) Nach den Beilagen zur Geschichte der Stadt Rottweil,[4]) setzte sich eine gewisse Anna Gritzerin von Schömberg, in Neufra wohnhaft, auf ihre Gabel mit den ihr vom Teufel bezeichneten Worten: „auß und ahn, stoß nirgend an", auf welcher sie dann auf den Heuberg „nit weit von Mahlstet gefahren zu einem Danz." Von diesem Heuberge schreibt Crusius in seiner schwäbischen Chronik[5]): „Nicht weit von Balingen ist der berühmte Berg, den man den Heuberg nennt, und von welchem man vorgibt, daß die Hexen auf demselben zusammen kommen und ihre Hexenkünste treiben." „Das ist übrigens, fährt er fort, gewiß, daß im Jahr 1589, im Herbst, etliche dergleichen Weiber und der fürnehmste Rathsherr zu Schemberg verbrannt worden, die alle bekannt haben, daß sie gewohnt gewesen, des Nachts auf diesem Berge zusammenzukommen, mit den Teufeln zu tanzen, zu thun haben, Menschen und Vieh zu beschädigen." Daß sich Hexen von weiter Ferne auf dem Heuberg zusammenfanden, geht aus den Prozeß-Akten von Constanz aus dem Jahr 1555 hervor, wo eine dortige Hexe gestand, sie sei auf einer Sau und einer grauen Katze auf den Heuberg geritten."[6]) Auch das Mädchen von Ebersbach bekennt, daß sie von ihrer Mutter auf den Heuberg genommen wurde, „sei gefahren auf Stecken, bei ihm sei sein Buhl, bei der Mutter ihr Buhl gefahren." Dasselbe erhellt aus den Prozeß-Akten einer Constanzer Hexe, die sich auf dem Saulgauer Rathhause befinden, weil sie hier examinirt wurde.

---

1) Saulgauer Rathhaus-Akten. 2) Dr. Haas l. c. 89. 3) l. c. S. 131 ff.
4) Beiträge zur Geschichte der Stadt Rottweil von B. Langen, Rottweil 1821, S. 6435 8.) 2, 419.) Marmor, Topogr. von Constanz S. 40.

Ihr Name ist Margaretha Urnauer. Sie verdient es, deswegen genannt zu werden, weil sie unter Anderem aussagte: „Die alten Hexen gelten gar nichts auf dem Heuberge." Sie mußten sich darum auch mit den dümmsten Teufeln begnügen; der ihrige war stumm und hieß darum einfach „der Stumme."

Ein Hexensabbath.

Wollen wir uns einen solchen Hexensabbath, Hexentanz und Hexenmahl, einmal näher ansehen, soweit dies angeht, so geben leider die mir vorliegenden Urkunden wenig Ausbeute. Eine Waldseer Hexe, eben die, welche vom Teufel auf einem grauen Schimmel auf den St. Petersberg geführt wurde, begnügt sich mit der Angabe, daß daselbst „Gesottenes und Gebratenes", aber „weder Brod noch Salz"[1]) aufgetragen, auch nicht getanzt worden sei, dagegen wird die Verena Schneiderin von Federlin auf einem schwarzen Rappen zum Tanz auf einer Wiese geholt. Die schon genannte Traut Würtin fährt auf einer Ofengabel auf den Heuberg; dort habe man „getrunken, gegessen, getanzt und aller Wollust gepflegt." Das Ebersbacher Mädchen hat auf dem Heuberg „getanzt, eine Leyer gehabt und aufgespielt." Um nähere Auskunft zu erhalten, müssen wir uns an andere Akten wenden, wie sie Solban zu Hunderten zusammengetragen hat. Aus ihnen ersehen wir, daß sich der Teufel bei diesen Gelegenheiten meistens als bocksfideler Kamerad, näherhin als geiler, stinkender Bock bewährt, dazu als immer wieder gezeichneter Lügner von Anfang an. Hat das Geld, das er gibt, wie wir schon gehört, keinen Werth, weil es wieder verschwindet, oder sich als Scherben eines zerbrochenen Hafens oder Glases erweist, — einmal hat eine Hexe sogar statt des Geldes, das sie vom Teufel bekommen zu haben meinte, Kuhdreck in der Hand — so erweist sich auch das Mahl als Lug und Trug. Die Tische und Stühle, wie auch Schüssel, Teller und Trinkgefässe sind dem Scheine nach Gold und Silber, in Wirklichkeit aber Roßköpfe und Schelmenbeine. Was Kramtsvögel zu sein scheinen, war, genau besehen, eine Schüssel voll Kröten. Oft werden die Speisen geradezu vom Schinbanger

---

1) Auch andere Oberländer Hexen, z. B. die Saulgauer, Ulmer, versichern, daß bei den Hexenmahlen kein Salz genossen wurde, während Jacob Grimm, den wir später noch einmal citiren, in seiner Mythologie die Hexen mit den Salz siebenden Priesterinnen der alten Teutschen in Verbindung bringen will.

weggenommen. Besser ging es den Hexen mit dem Weine, der sich zwar auch hie und da nachher als Mistlache herausstellte, öfters aber wirklicher Wein war, vom Teufel oder den Hexen gestohlen. So bekennt die schon genannte Katharina Bosch, der Teufel „habe den Wein aus einem unbekannten Keller in Ravensburg genommen, item aus des Wirths von Ebenweiler, des Hirschwirths Beckenhansen und Schloß in Altshausen", „zu Wolpertswende". Beim letzten Tanz, den sie mitmachte, hat „der Teufel den Wein aus des Joosen Keller von Osterach in einer hölzernen Flasche geholt."¹) Die Ebenweilerin sagt, die Männer haben den „Wein zu Nacht aus Keller genommen und Mistlach daran geschüttet." Ein besonderer Leckerbissen war der scheinbare Genuß von kleinen Kindern. Weil alles, der etwa gestohlene Wein ausgenommen, nur Schein- und Schaugericht war, werden die Hexen bei diesen Mahlen natürlich auch nicht gesättigt und fühlen, wieder heimgekehrt, sich äußerst hungrig und matt; matt besonders vom Tanzen, das unmittelbar nach dem Essen beginnt.

Vor dem Tanze, wenn es nicht schon zur Würze des Mahles geschehen, bekommt der Teufel zum Zeichen seiner Oberherrlichkeit von jeder Hexe einen Kuß und zwar auf den H....., wobei er den Empfang mit einem unausstehlichen Gestank bescheint. Sofort nimmt der Tanz seinen Anfang; er ist ein runder Reigen, während deß das Gesicht nach außen gekehrt wird. Tanzen einzelne Paare, so kehren die Tänzer und Tänzerinnen sich den Rücken. Dazu spielen Teufel oder Hexen auf Sackpfeifen, Geigen und Trommeln. Die Trommel wird mit einem Fuchsschwanz geschlagen und geht: „Tup, Tup, Tup, Tup."²) Auch gesungen wurde zu diesen Tänzen, und zwar vom ganzen Hexenchor, wobei der Oberste der Teufel, wenn er guter Laune war, die Harfe spielte. Wir kennen solch ein Hexenlied, das also lautete: „Harr, Harr, Teufel, Teufel, spring hin, spring her, hüpf hie, hüpf da, spiel hie, spiel da." Dazwischen treibt der Teufel seinen Spaß, läßt z. B. die Hexen kopfüber springen oder zieht ihnen ihre Stecken und Besen zwischen den Beinen weg, wobei er lachen kann, daß ihm der Bauch schüttert.³)

Beim Aussprechen der hl. Namen: „Jesus, Maria" weicht der Bann. Als bei einem Gelage eine Hexe ausrief: „Jesus, Maria! so wohl habe ich noch nie gelebt," sitzt sie plötzlich mit ihren Genossinnen unweit einer Schinderhütte bei einem verr..... Schimmel.⁴)

---

1) l. c. 131, 133 und 134. 2) cfr. Soldan 2, 67. 3) l. c. 1, 301 und 2, 79. 4) l. c. 2, 91.

Sind die Hexentänze eine bekanntere Sache, so ist es gewiß weniger oder nicht bekannt, daß die Hexen sogar **Wallfahrten** gemacht. Dies erzählen uns merkwürdigerweise die Waldseer Akten, indem eine Hexe, Namens Anna Brauchlin, bekennt: „Vielfältig sei- sie nach **Einsiedeln** gegangen; auf ihrem vierten Gang sei sie von Fischbach aus über das Hörnlein auf ihrem Pilgerstab, den sie geschmiert, bis zur Herberg über'm Steg gefahren; ebenso von der Brücke bei Rappersmyl über den Etzel hinauf bis für die Kapelle sei sie zweimal auf ihrem geschmierten Pilgerstab gefahren."

Personalien der Hexenleute.

Stand, Beruf, Alter, Geschlecht der Hexenleute betreffend, ist zweifellos, daß vor allem **alte, arme, gebrechliche Weibspersonen** zu den Hexenleuten gezählt wurden. Arme Weiber als Hexen begegnen uns immer wieder. So heißt es in den Waldseer Akten vom Jahr 1581: „Diß hiernach verzaichnete drei Arme weiber, Eva Schwärzin und Anna Beuchlin, und Elsbeth Scharberin, Alle von Waldsee, sein umb hexischen sachen willen mit dem Fewr gestrafft worden." Daß alte, gebrechliche Weiber, die heute noch vielfach geradezu Hexen genannt werden, in der Hexenperiode der größten Gefahr ausgesetzt waren, besagen die Urkunden.[1]) Daß das Weibervolk viel zahlreicher auf dem Heuberg vertreten war, hören wir von Agnes Montelin, die am Samstag nach dem 22. März 1629 in Rottweil hingerichtet wurde, wenn sie bekennt, „seien viel mehr weiber als männer allba gewesen." Aber es waren also doch auch Männer da, unter anderen angesehene Männer, wie der „fürnehmste Rathsherr zu Schemberg", den Crusius nennt. Wie aber kein Geschlecht, Alter, Stand und Beruf Sicherheit bot, den Hexen nicht beigezählt zu werden, erhellt am schlagendsten aus dem „Verzeichniß der Hexenleute, so zu Würzburg mit dem Schwerte hingerichtet und hernach verbrannt worden." Wir wollen einen kurzen Auszug nach Solban[2]) geben: 5. Brand, b. h. bei der 5. öffentlichen Hinrichtung wurde verbrannt: „der Lutz, ein vornehmer Kramer", „des Herrn Dompropst Vögtin" ꝛc. 10. Brand: „der Steinacher, ein gar reicher Mann" ꝛc. 11. Brand: „der Schwerdt, Vicarius am Dom" ꝛc. 13. Brand: „ein klein Mägd-

---

1) Eine Hexe von Sindelfingen schildert der Vogt als eine „kurze Person, so mit einem Buckel beladen ist", als ein „sollich schandbähliches Weibsbild, daß es schier nicht zu glauben." Dortige Rathhausakten. 2) l. c. 2, 46 ff.

lein von 9 oder 10 Jahren", „ein geringeres, ihr Schwesterlein." 15. Brand: „ein Knab von 12 Jahren, in der ersten Schul." 16. Brand: „ein Edelknab von Ratzenstein", „ein Knab von 10 Jahren", „des Rathsvogt 2 Töchter und seine Magd." 17. Brand: „der Wirth zum Baumgarten", „ein Knab von 11 Jahren", „eine Apothekerin zum Hirsch und ihre Tochter." 18. Brand: „der Batsch, ein Rothgerber", „zwei Knaben von 12 Jahren", „ein Mägblein von 15 Jahren." 19. Brand: „ein Edelknab von Rotenhan", „die Sekretärin Schell= harin", „ein Knab von 10 Jahren", „noch ein Knab von 12 Jahren." 20. Brand: „Göbel Babelin, die schönste Jungfrau in Würzburg", „ein Student in der 5. Schule, so viel Sprachen gekonnt und ein vortrefflicher Musicus vocaliter und instrumentaliter." Daß selbst die höhere Geistlichkeit nicht verschont blieb, zeigen die weiteren Brände, denen ein „Chorherr im neuen Münster", wieder ein „Chorherr", ein „Vicarius am Domstift", „ein geistlicher Doctor" zum Opfer fielen.

II. Die Hexenprozesse.

Zur Einleitung.

In der Broschüre „Die deutschen Hexenprozesse" von Paul Baum= garten vermißt Dr. Roby „ein Kapitel, worin der Zusammenhang zwischen Aberglauben oder Hexenglauben und Hexenprozessen dargelegt wäre." Dasselbe Kapitel vermissen wir bei Professor Dr. Fehr in der Schrift „Der Aberglaube und die kath. Kirche im Mittelalter."[1]) Auch Prof. Dr. Einar in seiner Broschüre „Der Aberglaube" begnügt sich mit der kurzen Bemerkung, „daß die Kirche das Hexenwesen alle= zeit als eine Abart der Zauberei theils indirekt, theils ausdrücklich verdammt hat" und „wenn ihre Vorschriften und Belehrungen allge= mein befolgt worden wären, so würde es nie wirkliche oder vermeint= liche Hexen und Hexenprozesse gegeben haben.[2]) Der Nachweis des Zusammenhanges zwischen Aberglauben oder Hexenglauben und Hexen=

---
1) Stuttg. 1857. 2) Köln 1878, S. 67.

prozessen hätte freilich mehr als ein Kapitel, er hätte ein ganzes Buch in Anspruch genommen. Doch wir haben schon solch ein Buch; es ist das 9. der „christlichen Mystik" von Görres, nach dieser Seite selbst viel gründlicher, als Solban, da Görres mit der Geschichte der Hexen= prozesse bis in's Paradies zurückgreift. „Der erste Zauberprozeß, schreibt Görres,[1]) ist nach dem Sündenfalle vor dem Richterstuhle Gottes geführt und entschieden worden. Die erstgeschaffenen Stammes= häupter des Geschlechtes waren an dem Brunnen des Lebenswassers vorübergegangen und hatten aus dem Zauberbrunnen getrunken. Der Drache hatte sie mit List berückt und sie hatten das Bündniß auf Dienstbarkeit mit ihm abgeschlossen. Das Weib hatte ihm zuerst geglaubt: daß wo sie esse, hellsehend werde... Indem sie daher am Tische des Sabbaths von seiner Frucht gegessen, hatte sie Hexenwerk getrieben und den Gatten zu dem gleichen Werk durch Mitessen gebracht. Nun sitzt Gott, der Allburchschauer, zu Gericht, und die Inquisition beginnt. Die Angeklagten werden geladen, sie sind selbst die Zeugen ihrer Schuld, denn da sie hellsehend gewor= den, müssen ihre Furcht und ihre Scham laut verkünden, daß sie das Böse jetzt in sich aufgenommen. Der Mann wälzt die Schuld auf das Weib, dieses auf den Drachen; ihm, als dem ersten Urheber, wird daher auch zuerst das Urtheil gesprochen... So wurde das Gericht gehegt, wie Gott allein es hegen konnte, mit vollkommener Durchschauung des Gegenstandes... Nachdem die Zeiten abgelaufen, wurde ein zweites Gericht gehegt. Hier aber hatte der Böse das Ge= bing berufen, sein Anhang saß auf den Richterstühlen"... es „wurde das Auto da fe auf Golgatha abgehalten." „Der Schlangentreter steht seither auf dem Haupte des Drachens; der Stein, auf dem seine Kirche sich erbaut, ist ihm aufgewälzt." „Das mußten die Theologen vor Allem bedenken: damit die Inquisition dem Gerichte Gottes im Anbeginn sich nachbildete." So viel von Görres und seiner großartigsten Auffassung des Hexenwesens und der Verpflichtung der Inquisitoren bei den Hexenprozessen.

Der „Hexenhammer."

Wenn es sich um die im eigentlichsten Sinne so genannten Hexenprozesse handelt, kommt vor Allem ein Buch in Betracht, das den Namen „Hexenhammer" (Malleus maleficarum) führt,

---

[1]) l. c. Regensb. Ausg. 1842, S. 522 ff.

von einem gewissen Jacob Sprenger und seinem Collegen Heinrich Institor (eigentlich Krämer), beide Dominikaner, verfaßt und im Jahr 1489 zum ersten Male in Köln gedruckt wurde.[1]) Das objectivste Urtheil über dieses Buch hat wohl P. Diel in seinem Friedrich v. Spee[2]) gefällt, wenn er S. 29 schreibt: „Um dem Vorgehen (gegen die Hexen) Einheit und Regelmäßigkeit zu geben, verfaßte Sprenger den „Hexenhammer", ein Werk, das regeln sollte, aber leider nur neuen Zündstoff anhäufte. Sprenger glaubte alles, was den armen Hexen vorgeworfen wurde, mochten es auch die offenbar tollsten Märchen sein; er setzte die Angeklagten als schuldig voraus und gründete auf diese unrichtige, zum wenigsten übertriebene Voraussetzung das Gesetz= mäßige seiner Handlungen." P. Diel beruft sich in seinem Urtheile auf Görres,[3]) der den Malleus maleficarum ein Buch nennt, welches „unter ungewissem Umhertappen nach der Wahrheit und dem, was Rechtens sei in dieser Sache, hervorgegangen; ein Buch, in seinen In= tentionen zwar rein und untadelhaft, aber in einem unzureichenden Grunde thatsächlicher Erfahrung aufgesetzt; nicht immer mit geschärfter Urtheilskraft durchgeführt, und darum oft unvorsichtig auf die scharfe Seite hinüberwiegend." Solban[4]) nennt den Malleus malificarum „ein Werk, so barbarisch an der Sprache wie an der Gesinnung, spitz= findig und unverständlich in der Argumentation, originell nur in der Feierlichkeit, mit welcher die abgeschmacktesten Märchen als historische Belege vorgetragen werden." Gleichwohl erlangte dieses Werk „ein fast kanonisches Ansehen", wie Solban weiter sagt, „und fanden, nach Diel, von jetzt an alle Hexenrichter in diesem Buche die Entscheidungs= gründe für ihr Verfahren und die Beschwichtigung für die auftauchen= den Zweifel ihres Gewissens." Zur Einleitung erfahren wir aus dem Hexenhammer, daß Sprenger und Kraemer in der Diöcese Constanz, näherhin in Ravensburg innerhalb 5 Jahren bereits 48 Weiber auf den Scheiterhaufen gebracht hatten.

Weil es, wie früher schon bemerkt, besonders Weiber waren, die der Hexerei beschuldigt wurden, und denselben eo ipso eine besondere Neigung zum Abfall vom Glauben, Gemeinschaft mit dem Teufel und Umgang mit ihm, also das Charakteristische des eigentlichen Hexen=

---

1) Der ganze Titel lautet: „Malleus maleficarum, in tres partes divisus, in quibus concurrentia ad maleficis, maleficiorum effectus, remedia adversus maleficia et modus denique procedendi ac puniendi maleficos abunde conti= netur. Coloniae 1849." Eine Uebersetzung ist nie erschienen. 2) Freib. Herder 1872. 3) l. c. 4, 2. S. 585. 4) l. c. 1, 276.

werkes, zugeschrieben wird, nennt Sprenger sein Werk Malleus maleficarum, nicht maleficorum.¹) Gleichwohl haben wir schon gesehen und bezeugt es auch der in dieser Frage so viel genannte Friedrich v. Spee, daß „kein Mensch, welches Geschlechtes, Vermögens, Standes, Amtes und Würde er sein möge, von diesem Verbrechen oder **Verdachte** desselben sicher und frei" blieb.

Der Verdacht.

Zum Verdachte führte schon der üble Ruf, Heimathlosigkeit und unstetes Leben. Aber auch große Heiterkeit, wie außerordentliche Traurigkeit machten gleich verdächtig. Wer keinen offenen Blick hatte, schnell reich wurde, sich durch außergewöhnliche Kenntnisse auszeichnete, war gleichfalls verdächtig. Wer gar sich Nachts gern von Hause entfernte und in den Tag hineinschlief, hatte Nachts offenbar den Hexenversammlungen angewohnt. Durch irgend ein Muttermal, eine Warze gezeichnet zu sein, war in dieser Zeit eine ganz bedenkliche Sache. Solch ein Muttermal, eine Warze oder dergleichen, galt nämlich geradezu als **Teufelskratz** oder **Hexenmal** (stigma diaboli), besonders dann, wenn es vom Scharfrichter durchstochen **nicht blutete**.²) Am bedenklichsten aber war die Abstammung von einer Hexenfamilie und die Beschuldigung einer bereits prozessirten Hexe. Besondern Verdacht erregte auch dies, wenn jemand nach der hl. Communion mit der Hand dem Munde nahe kam; was er nur in der Absicht gethan haben konnte, um die hl. Hostie aus dem Munde zu nehmen und sie dem Teufel auszuhändigen. In den meisten Fällen bekannten die Hexen, dies wirlich gethan zu haben, z. B. Anna Millerin³) in Ulm. Auf diese und viele andere Verdachtsgründe weist der genannte Hexenhammer im 1. und 2. Theile selber hin. Ein ganz eigenes Verdachtsmoment findet sich in dem Prozeß der oben citirten Bosch. „Ihr Mann hat absonderlich keinen Argwohn auf sie, als daß sie alle Samstag (wenn man für die armen Seelen gebetet) mit dem Weihwasser in allen Winkeln herumgeloffen und selbige ausgesprizt, welches die vorhin gerichten Hexen auch im Brauch gehabt, so er, Mann, erst jetzt in Erfahrung bekommen und um so viel mehr einen Argwohn gefaßt."

---

1) Schon das Wort femina ist verdächtig: „dicitur enim femina a fe et minus, quia semper minorem habet et servat fidem, et hoc ex natura (Lib I. quaestio VI). 2) Der Teufelskratz oder „Hexenmal" in der Wochenschrift „Im neuen Reich" 1879 Nro. 32 von Dr. Birlinger. 3) l. c. 8, 129.

Die Denunziation.

Im 3. Theile des Hexenhammers wird, was ganz besonders zu beachten ist, 1. die **Unzweckmäßigkeit der bisherigen Anklageform** hervorgehoben, an deren Stelle die Denunziation treten soll, und 2. die **Anwendung der Folter als Mittel, die Wahrheit zu finden**, gefordert; was sofort auch zur Praxis wurde und die Hexenprozesse so in Schwung brachte, daß man für das 16. und 17. Jahrhundert je nahezu 100,000 Opfer berechnete.[1])

Die in dieser Frage gewiegteste Autorität, v. Wächter, sagt in seinen Beiträgen zur Geschichte des deutschen Strafrechts „Die gerichtlichen Verfolgungen der Hexen und Zauberer in Deutschland" (Tüb. 1845): „Bis in das 15. Jahrhundert kamen in Deutschland wohl da und dort Prozesse wegen Zauberei vor und wurden Zauberer und Zauberinnen verurtheilt; aber wenn wir die Fälle ausnehmen, in welchen die Angeschuldigten nebenbei wirkliche Verbrechen begingen, wie Giftmischerei, Kindsmord, Betrug u. s. w., so waren solche Verurtheilungen durch wirkliche Gerichte selten. Nun aber, vom Ende des 15. Jahrhunderts an, scheint Deutschland von einer wahren Hexenepidemie ergriffen worden zu sein; die Hexenprozesse kamen wahrhaft an die Tagesordnung. Tausende von Unglücklichen wurden von da an bis in den Anfang des 18. Jahrhunderts verbrannt und alle auf ihr Geständniß."[2])

Wir haben gehört, daß an Stelle des **accusatorischen Verfahrens** nach dem Hexenhammer die Denunziation treten sollte, wie dies wirklich der Fall war. Daraus folgte, daß Jedermann nicht bloß berechtigt, sondern **verpflichtet** war, eine Person, die sich als Hexe verdächtig gemacht, **zur Anzeige zu bringen**. Wer hierin säumig war, weil ihm etwa der Glaube an das Hexenwesen nicht feststand, der machte sich selber verdächtig, da der Hexenhammer **das Läugnen der Wirklichkeit der Hexerei für die größte Ketzerei erklärte** (haeresis est maxima, opera maleficarum non credere).

---

1) Soldan sagt sogar: „Man hat die Zahl der vom Ende des 15. Jahrhunderts an wegen Hexerei Verurtheillen gesucht, und es hat sich gezeigt, daß dieselben nach Millionen zu berechnen sind." l. c. 1, 452. 2) Wer sich des Näheren über die „Straf der Zauberei und anderer Ketzerei" nach der Reichsordnung, dem Gemeinrecht, dem Sachsen-Recht u. s. w. orientiren will, verweisen wir auf den Fasciculus constitutionum de poenis vulgo Straffbuch von Saurius, Frankf. 1598.

Der gütliche Weg. — Ein Resultat.

Denunzirt und zur Anzeige gebracht, wurde die Unglückliche in Haft genommen, um sofort von dieser ihrer „Einkerkerung im Hexenthurm" bis zu ihrem Ende den schauerlichsten Weg von Elend und Jammer zurückzulegen. Wohl suchte man die Verdächtige zuerst auf gütlichem Wege zum Bekenntnisse zu bringen; da aber dies selten gelang, trat nun die Folter mit ihren Schrecken aus dem Hintergrunde, die schließlich auch in den meisten Fällen das Geständniß oder, wie man glaubte, die Wahrheit zu Tage brachte.

Aus den Saulgauer Akten[1]) ersehen wir, was zwischen dem gütlichen Verfahren und der Folter lag. Elisabeth Fuchsin, des Thomas Wümpfen (?) Eheweib, Bürgerin zu Saulgau, von Maria Aichlin, einem Mädchen von 15 Jahren, und Anna Jungin, einem Mädchen von 17 Jahren, denunzirt, wurde nach vorliegendem Malefizprotokoll am 16. März 1674 inquirirt. Da sie im gütlichen Examen „gar nichts bekennt", im Gegentheil sagt, „ihr geschehe Unrecht", „sei keine Her", auch „ganz frech dagestanden" „und auch noch lacht zu allen Fragen", wurde ihr „endlich auch allen Ernstes zugesprochen und mit schweren Peinen, der Tortur und Nebenanseitestellung des Scharfrichters bedroht und endlich zur wirklichen Tortur (so man den 17. Morgens vorzunehmen vorhatte) die Zöpf abschneiden lassen." Dies letztere brach den Bann und sie bekennt, ehe es noch zur Tortur kam.

Eine Aktenprobe.

„Die Verhörsprotokolle liegen meist nicht vor; und es ist überhaupt fraglich, ob in diesen Fällen nur solche geführt wurden; vielleicht wurden in den Verhören bloß Notizen gemacht und daraus die „Urgichten" zusammengestellt. Die Akten bestehen in der Regel bloß aus dem Protokolle, welches nach dem Verhöre, beziehungsweise nach der Folterung über die Geständnisse der Hexen aufgenommen wurde, und aus dem Urtheilsspruche." Mit diesen Worten leitet Peck[2]) einige

---

1) Leider sind dieselben erst voriges Jahr abhanden gekommen. Amtsrichter Klingler daselbst hatte aber glücklicher Weise zuvor eine Abschrift genommen, die er mir gütigst zur Verfügung stellte. — Der Chronist Saulgau's, Präceptor Hafen, bemerkt nach den ihm vorgelegenen Akten, daß in Saulgau schon im Jahr 1612—17, namentlich aber vom Jahr 1650—80 viele Hexen hingerichtet wurden und deren Verfolgung selbst im Jahr 1731 noch nicht ganz aufgehört hat. Gleichwohl fügte er bei: „In andern Städten wurden jedenfalls verhältnißmäßig weit mehrere hingerichtet." (Auszug aus der Saulgauer Pfarrchronik.) 2) l. c.

Proben aus den Akten von Hexenprozessen ein, die sich „im Gebiete der Deutschordensherrschaft Mergentheim" abspielten. Auch wir fanden nur Notizen oder vielmehr Aktenconcepte, welche auf die Urgicht vorbereiteten und die für dieselbe entscheidenden Fragen und Antworten enthalten. Hier eine Probe aus den Akten Oberschwabens. Sie gibt uns zugleich einen interessanten Aufschluß über den Zusammenhang von Geständniß und Zopf- oder Haarabschneiden.

Interrogationes   Responsiones
der oben genannten Saulgauer Hexe
Elisabetha Fuchsin.
Actum 17. Marty 1674 — Nachmittags.

Ob sie eine Hex?	Ja sie sei eine Hex.
Wie sie dahinter gekommen und was sie dazu gebracht?	Die vor 2½ Jahren justificirte Anna (Zuname ist nicht genannt) habe sie dahinter gebracht.
Ob sie nicht Pulver und Salben vom Teufel empfangen?	Sie habe Pulver empfangen, aber nicht gleich, sondern erst im 5. Jahre.
Wem oder wie sie Schaden gethan?	Andreas Burks Frau habe sie dieses Pulver in Pfeffer gegeben, so sie auf die Suppe gethan und habe die einen starken Husten bekommen. Ingleichen habe sie des Burken Gaisle das Pulver geben, worauf es lahm worden und verreckt.
Diese beiden sind bei der Inquisition gekommen und also wahr.	
Wenn der böse Geist am ersten zu ihr kommen und vor wie viel Jahren?	Es sei Michaeli schon vor 9 Jahren gewesen, daß es geschehen.
Wie er gekleidet gewesen und ob es Tags oder Nachts geschehen?	Ganz schwarz, sei zwischen 3 und 4 Uhr Nachmittags geschehen; sei schon am Tisch gesessen, als sie zu der Anna gekommen; ihr und (der) Anna (ihr) Buhle sei babeigesessen.

Was er mit ihr gethan und an sie begehrt (von 3—5 Uhr?)	Sie haben alle getrunken; die beiden Teufel seien dageseſſen wie fürnehme Leut, unterbeß auch ihr zugeſprochen, er wolle ihr Geld und was ihr von Nöthen ſei, geben, ſie ſolle ihm bienen und ſein ſein.
Was ſie darauf geantwortet?	Sie wolle ſein ſein.
Ob ſie Gott und alle Heiligen verleugnet?	Ja Gott und alle Heiligen excepto S. Sebastiano, den er ihr gutwillig gelaſſen.
Wer ihr Buhle geweſen und wie er geheißen?	Habe „Kohle" geheißen, ſie aber habe er „Schole" genennt.
Ob ſie nicht Hagel und Unwetter gemacht und machen helfen?	Zugeſtanden.
Ob ſie einmal davon abzuſtehen begehrt?	Freilich wohl; allein es könne Niemand wiederum davon kommen, wer einmal dahinter kommen; gebeichtet habe ſie es niemals und nicht beichten dürfen; der böſe Geiſt habe es nicht zugelaſſen. Habe auch (jedoch) des Jahres 3 Mal gebeichtet und communicirt; ihr Teufel habe ſie allemal geſchlagen.
Ob ſie auch fahren könne und was ſie dazu gebraucht?	9 Mal (scl. ſei ſie gefahren); der böſe Geiſt habe ſie allemal abgeholt und ſie vor ihm auf einen Stecken geſezt und fortgefahren.
Ob ſie recht wachtbar und leibhaft aufgeſeſſen?	In dem ſei allem ſo.
Was ſie daſelbſt gethan und abgehandelt?	Der eine habe geſprungen und getanzt, der andere ſei dort geweſt und das dritte ſonſt; ſie habe nie getanzt, ſondern ſei nur herumgehockt, wie andere. Die alten und armen Leut gelten nit viel und werden nur die jungen und reichen herfürgezogen; ſei bisweilen 2—3 bis 3½ Stunden draußen geweſen.

Ob sie denn niemand und wen sie dabei gekannt?	Man kenne das hunderte Mensch nit; denn sie seien alle vermummt. Magdalena Seutterin und Anna Aichlerin habe sie 9 Mal auf dem Schellenberg (Versammlungsort der Saulgauer Hexen, wie oben bemerkt) gesehen und wohl gekannt am Angesicht und an Kleidern. Gibt noch einige an.
Ob ihr Buhl sie geschlagen und warum?	Wohl 100 Mal, weil sie nit habe thun wollen, was er ihr befohlen.
Ob ihr Buhl, weilen sie gefangen, niemals zu ihr in die Gefangenschaft komme?	Im linken Zopf sei er gesessen; wenn man ihr nicht den Zopf abgeschnitten, hätte sie nicht bekennen können.

Nachdem der Maleficantin am 3. April ihr Bekenntniß noch einmal verlesen und sie Punkt für Punkt bekenntlich und geständig gewesen, ist ihr durch Herr Stadtammann der Tod verkündet und der Beichtvater zugelassen worden.

Aehnlichkeit der Prozeß-Akten.

Wer sich mit dem Studium der Hexenprozesse beschäftigt, den frappirt bald die Uebereinstimmung der Aussagen der Hexen, ihr gleichförmiges Bekenntniß, überhaupt die Aehnlichkeit der Prozeß-Akten, so viele derselben er auch durcharbeiten mag, so daß der berühmte Jurist Carpzov hierauf zur Begründung seines Urtheils über das Hexenwesen ein besonderes Gewicht legt. Und doch hat diese Aehnlichkeit oder Uebereinstimmung durchaus nichts Räthselhaftes, wie Solban mit Recht bemerkt.[1]) Geständniß und Ordnung baut sich auf dem Hexenhammer auf. Das Geständniß ist bei allen Angeklagten fast dasselbe, übereinstimmend mit dem ganzen Wahn der Zeit, der mit jedem Prozeß und dessen Veröffentlichung einen festeren Charakter annahm, so daß bald jedes Gericht so ziemlich seine feststehenden Fragen hatte, die es den Beklagten vorlegte. Solban gibt ein solches Interrogatorium, wie es das Landrecht von Baden-Baden

---

1) l. c. I, 384.

vom Jahr 1588 vorschrieb.¹) Vom Hexenhammer ganz abgesehen, ist vollständig richtig, was v. Wächter zur Erklärung obiger Thatsache bemerkt. „Sie (die Hexen) mußten eben gestehen und gestanden, nach den näheren Umständen befragt, was man in jenen Zeiten gewöhnlich von den Hexen erzählte, was die Kirche (soll heißen die Geistlichkeit) dem Volke genugsam als Warnung vorhielt und was noch in einer Anzahl populärer Traktätchen über das Treiben der Hexen und über die Geschichte und die Bekenntnisse hingerichteter Hexen unter das Volk gebracht wurde."²)

Die Folter.

Das Bekenntniß rettete die Elisabetha Fuchsin von der Folter= kammer und Tortur. Tausend Andere aber wurden erst in der Folterkammer durch die Tortur zum Bekenntniß gebracht. Wie der gütliche Weg mit dem peinlichen zusammentraf, sehen wir in dem Prozeß der Bosch von Wald. Da sie „auf nochmaliges gütliches Erinnern nichts wollen geständig sein, wurde sie wieder an die Folter, jedoch anfangs leer geschlagen, hernach aber ihr ein schwerer Stein angehenkt, und an die Blöse soll mit der Taufkerzen ziemlich hart gebrannt worden, welche Schmerzen sie annoch zu keinem Bekenntniß gebracht." Sie wird wieder „hinaufgezogen", worauf sie endlich dem Obervogt „in der güete" bekennet."³) „Wehe der Armen, ruft der eble Spee aus, welche einmal ihren Fuß in die Folterkammer gesetzt hat. Sie wird ihn nicht wieder herausziehen, bevor sie alles nur Denkbare gesagt hat. Ist nur mit der Folter einmal angefangen, dann ist der Würfel schon gefallen; sie kann nicht entrinnen; sie muß sterben (ubi modo torturae initium factum est, jam acta alea est; evadere non potest; mori debet). Häufig dachte ich mir: daß wir alle nicht auch Zauberer sind, davon sei die Ursache allein die, daß die Folter nicht auch an uns kam, und es sei sehr wahr, was neulich der Inquisitor eines großen Fürsten zu prahlen wagte, daß, wenn **unter seine Hände und Torturen der Papst fallen sollte, ganz gewiß auch er sich als Zauberer bekennen würde.**"

So schmerzlich dies uns berührt, müssen wir doch im Interesse der Sache des Nähern auf die Folter mit ihren grauenhaften Qualen eingehen. In seinen „Beiträgen zur Geschichte des deutschen Strafrechts"

---

1) l. c. 386.   2) l. c. 325.   3) l. c. 121—22.

beschreibt uns v. Wächter das entsetzliche **Torturverfahren** kurz zusammengefaßt also:

Man begann die Tortur (auch die „peinliche Frage", die „scharfe Frage" genannt) gewöhnlich mit dem **Daumenstock**, indem man den Angeklagten entblößte und die Daumen desselben in Schrauben brachte, diese langsam zuschraubte und so die Daumen zerquetschte. Half dieses nichts, so nahm man die **Beinschraube oder spanischen Stiefel**, durch welche Schienbein und Waden glatt gepreßt wurden, nicht selten so, daß die Knochen zersplitterten. Zur Erhöhung der Qual wurde dabei noch zwischenburch mit dem Hammer auf die Schraube geschlagen. Um nicht durch das Jammergeschrei der Gefolterten molestirt zu werden, steckte der Scharfrichter derselben ein **Capistrum** (Knebel) in den Mund, welches das Schreien unmöglich machte. Der nächste Grad der Folterung war der **Zug** oder die **Expansion** oder **Elevation**. Dem Angeschuldigten wurden hiebei die Hände auf den Rücken gebunden und an dieselben ein Seil befestigt. An diesem Seile wurde nun der Unglückliche bald frei in der Luft schwebend durch einen an der Decke angebrachten Kloben, bald an einer aufgerichteten Leiter (bei der oft in der Mitte eine Sprosse mit kurzen spitzen Hölzern — dem „gespickten Hasen" — angebracht war) **gemächlich** in die Höhe gezogen, bis die Arme ganz verdreht über dem Kopfe standen, worauf man ihn mehrmals rasch hinabschnellen ließ und „gemächlich" wieder hinaufzog. Erfolgte auch jetzt noch kein Bekenntniß, so hing man dem Gefolterten, um die Glieder noch ärger und qualvoller auseinanderzurecken, schwere Gewichte an die **Füße**, und ließ ihn so eine halbe, oft eine ganze Stunde und noch länger hängen, legte ihm auch noch die spanischen Stiefel an.[1]

Half auch diese Tortur nichts, so träufelte man dem Inquisiten

---

[1] Nach einem Bamberger Protokoll berichtet v. Wächter, „daß ein wegen Zauberei Angeschuldigter **drei und eine halbe Stunde** lang mit Peinschrauben und Daumenstock und am Ende, da er nicht gestand, an einem Strick 8 Schuh hoch von der Erde hinaufgezogen und ihm an die große Zehe ein Gewicht von 20 Pfund gehängt wurde." In Württemberg kamen die Daumenschrauben und spanischen Stiefel erst seit dem Jahr 1622 zur Anwendung. Am Meisten bediente man sich der sogen. **Wippe**, die darin bestand, daß man den Angeklagten Hände und Füße zusammenband und sie dann an einem über eine Rolle laufenden Seile auf- und niederzog. Bei dem zweiten Grad der Folter wurde ein leichterer, bei dem dritten ein schwerer Stein (oft vom Gewichte eines Zentners) angehängt. cfr. Pfaff, Bericht über die zu Eßlingen vorgenommenen Hexenprozesse in der Zeitschr. für deutsche Kulturgesch. 1856.

brennenden Schwefel oder brennendes Pech auf den nackten Körper oder hielt ihm brennende Lichter unter die Arme oder unter die Fußsohlen oder an andere Theile des Körpers. Das war die Tortur.

Eine Gefolterte.

Diese Tortur überstand, ohne sich als Hexe zu bekennen, zweimal ein Weib von Alleshausen vor dem Oberamte zu Obermarchthal um die Mitte des vorigen Jahrhunderts.

Da dieser jammervolle Fall aus dem heute noch so genannten „Hexengäu", der Gegend am Federnsee, uns am nächsten liegt, so wollen wir ihn nach dem Auszuge der Originalakten, den uns Solban[1]) zu geben in der Lage war, näher in's Auge fassen.

Es war im Jahr 1746 und 47, daß 6 angebliche Hexen, von denen je 2 Mütter und Töchter und sämtlich in Alleshausen waren, in Obermarchthal hingerichtet wurden, nachdem nicht lange zuvor eben dort zwei Schweizerinnen verbrannt worden waren. Von diesen sechs Weibspersonen hieß eine Barbara Bingeßerin und stand in einem Alter von 57 Jahren. Da sie als Hexe in Verruf kam, bat sie selbst das Oberamtsgericht wiederholt um Untersuchung des ihr zur Last Gelegten und Schutz gegen weitere Verleumbung. Auf diese Bitte ging endlich das Gericht wirklich ein, aber so, daß es die Klägerin verhaften und in Marchthal in den Hexenthurm stecken ließ, um sie selbst zum Geständniß zu bringen. Zwei Mal wurde sie, wie bereits gesagt, gefoltert, ohne zu gestehen. Die Schauer des Hexenthurmes sollten sie vollends mürbe machen, wo sie zugleich von den ihr beigegebenen Wächtern gepeinigt wurde, die immer wieder in sie drangen, sich als Hexe zu bekennen, bis sie endlich ihnen in ihrer Verzweiflung zurief, „daß sie ein schlimmes Weib sei, daß sie eine schlimme Hand habe, und daß eben Jedermann, den sie anrühre, einen Schmerz empfinde und krank werde." Dies genügte, um sie abermals auf die Folter zu spannen, bis „endlich und nach mehrmaliger Tortur, Exercismen und Benedictionen der allmächtige Gott ihr steinhartes Herz berührt und erweicht, wo sie dann ohne ferneren Zwang aussagt und bekennt, daß sie mit dem Teufel, den sie „Tambur" genannt, noch im Hexenthurm gebuhlt. Als sie sich ihm ergeben, habe er sie blutig gegriffen und sie als „Bärbel" in sein Buch eingetragen; sie sei unzähligemal auf dem Hexentanz gewesen, und habe auch ihre Tochter

---
1) l. c. 2, 279.

„Annele" mitgenommen, das sie nun auch mit sich in die Ewigkeit nehmen wolle." „Es sei ihr ein liebes Kind gewesen und sei ihr noch lieb bis auf diese Stunde. Ja wenn ihr das Kind jetzt unter das Gesicht kommen würde, wollte sie ihm sagen: Annele! wir haben einander allezeit lieb gehabt, jetzt wollen wir auch miteinander in die Ewigkeit gehen und sehen, daß wir in den Himmel kommen." Leider sollte die Unglückliche ihr Annele nur zu bald sehen. Auch es wurde auf die Angabe der Mutter verhaftet und mit dieser confrontirt. Die Tochter wußte aber von all' dem, womit sie die Mutter belastet hatte, gar nichts und — diese nahm all' ihr Geständniß zurück. Doch die Folter half abermals nach, so daß die Schuld der Mutter und der Tochter in den Augen des Oberamtsgerichtes unzweifelhaft war und beide hingerichtet und sofort verbrannt wurden. Das arme Weib starb in der Hoffnung, „mit ihrem Annele, mit dem man sie schon jetzt heben und legen müsse, in den Himmel zu kommen."[1])

Wenn je überzeugt uns dieser Prozeß von der Wahrheit der Ansicht des wiederholt genannten Jesuiten=Paters Spee, wenn er sagt: „die grausame Anwendung der Folter stürzt viele Unschuldige in's Verderben, die wegen der unausstehlichen Schmerzen nicht nur sich selbst schuldig bekennen, sondern durch die Tortur auch viele andere Unschuldige anzugeben gezwungen sind. Es ist dieshalb auch nicht zu verwundern, daß bei uns Alles voll Hexen ist."

Das Malefizgericht.[2])

Durch die neuesten Publikationen Dr. Birlinger's in dem schon citirten Hefte der „Alemannia" sind wir in der Lage, die Männer

---

1) Nach der Obermarchthalischen Chronik (S. 82) gestand auch eine andere Hexe, die unschuldig gefoltert wurde, um den Schmerz zu enden, betheuerte aber gleichwohl dem Scharfrichter ihre Unschuld und sagte im letzten Augenblicke zu ihm: „Der Pfahl an den sie gebunden, werde nach ihrem Tode blühen." Dies soll denn auch, obwohl der Pfahl vom Feuer stark angegriffen worden, geschehen sein. „Volksthümliches aus Schwaben" von Dr. Birlinger. Freib. 1. Bd. S. 319. 2) Wie die Malefizgerichte im Herzogthum Württemberg abgehalten werden sollten, bestimmt ein unter dem 23. Juni 1621 erfolgtes „Ausschreiben an alle Hauptleute, auch Stabhalter und Richter", „darinnen eine kurze Manuduction, welcher Gestalt gegen die Maleficanten mit der Captur und Beyfahung: Item, mit der Examination: nicht weniger in puncto Torturae; auch in principali; sodann mit der Cognition und Execution zu procediren und zu verfahren." cfr. des Herzog. Württemb. gemeine „Landes=Ordnungen". Hof= und Canzlei=Buchdruckerei. Stuttg. 1735.

näher kennen zu lernen, welche zu einem Malefizgericht zusammengetreten, diese entsezlichen Torturen anordneten und leiteten, und die furchtbaren Urtheile fällten. Zur Einleitung seiner „Auszüge der Herenprozesse aus Oberschwaben" resp. Königseggwald gibt uns Dr. Buck das „Malefizgericht und Ordnung, wie es zu Hoßkirch zerschieden vorgenommen worden bis ad annum 1688", speziell ein „Malefizgericht, wie solches den 28. Januar 1688 über Thomas Zoller aus Röttberg gehalten worden."[1])

Die Männer, die zusammentreten, sind der Amtmann der gräfl. Herrschaft Königsegg, der Stabhalter, die Richter und Gerichtsschöffen. „Gerichtsleut sind es 12, Beisizer zwei." Aus den Prozeß-Akten der wiederholt genannten Katharina Posch lernen wir diese Gerichtsleute, die im Malefizgericht über Thomas Zoller nur mit N. N. angeführt sind, des Nähern kennen. Ihr Gericht, näherhin die „Besiebung", auf die wir sofort zu sprechen kommen, wird gehalten im Beisein und Gegenwart des „Johann Georg Scharpf 2c. Obervogten, Joh. G. Kazenmayers, Gerichtsammanns und Stabhalters zu Hoßkirch, Baltasar Binder, Christian Bücheln, beide von Wald, Stoffel Stier von Riedhausen, Hans Scham, Peter Rauch, beide von Hüttenreute, Jacob Schuhmacher von Hoßkirch, alle Mitrichter und Urtelssprecher." Was manchen überraschen wird, haben wir es hier augenfällig, von dem Obervogt und etwa noch dem Gerichtsammann und Stabhalter zu Hoßkirch abgesehen, mit den einfachsten Bauersleuten zu thun, die freilich mit vollem Ernste, aber auch ganz unter dem Bann des Hexenwahns ihrer Zeit ihr Urtheil fällen.

Ehe sie in einer so hochwichtigen Sache zu Gerichte sitzen, hören „Amtmann, Stabhalter, Richter und Gerichtsschöffen" um 6 oder 7 Uhr eine hl. Messe, hernach gehen sie zu zwei und zwei in die Gerichtsstuben, wo sie sich der Ordnung nach sezen. „Darauf legt der Stabhalter dem Ambtman das bloße Schwert und Stab für, darnach thut der Ambtman eine Red", die er mit der Frage abschließt: „Stabhalter, ich frage euch hiemit auf den Eid, ob dieses Gericht zu peinlicher Rechtsfertigung mit genugsamen und ehrlichen Richtern besezt sei?" Der Stabhalter erkennt bei seinem Eid das Gericht, „wann auch schon 1, 2, 3 oder 4 Richter abgingen", mit genugsamen tauglichen Richtern besezt. Dasselbe erklären die übrigen Richter, vom

---

[1]) l. c. 101—107.

ältesten angefangen. Darauf übergibt der Obervogt dem Stabhalter „Schwert, Stab und Gewalt", um mit den Mitrichtern zu richten und zu urtheilen „über des Angeklagten Leib, Gut und Blut nach Ordnung Kaiser Karl des Fünften." Der Stabhalter nimmt Schwert und Stab und legt sie auf den Tisch nieder und wendet sich mit einer Ansprache an die Richter und Urthelsprecher „Pflicht und Eid wohl in acht" zu nehmen. „Einer, der am besten beredt ist," verspricht dies. Jetzt stimmen auf des Statthalters Frage alle dafür, dieses peinliche Gericht sofort abzuhalten, wobei verboten wird, „daß bei diesem angestellten Rechtstag jemand reden, aufstehen, noch niedersitzen solle, es werde ihm dann mit Recht erlaubt. Es wäre dann, daß ein Priester mit dem hochhl. Sacrament vorüber ginge, um demselben die gebührende Reverenz zu bringen, ingleichen bei Feuer- und Wassernoth und andern dergleichen Unglücksfällen." Nun beruft man den armen Sünder, macht ihn von Banden los und setzt ihn vor Gericht auf einen Stuhl. Der Obervogt wählt aus den beisitzenden Richtern einen „Fürsprech", der im Namen der gräflichen Herrschaft die Anklage stellt. Auch der Angeklagte erhält einen „Fürsprech", mit dem er sich zu seiner Vertheidigung besprechen darf. Wird er verurtheilt, so eröffnet ihm der Stabhalter das Urtheil, indem er in die eine Hand das Schwert, in die andere den Stab nimmt mit den Worten: „Es haben die Urthelsprecher geschlossen und das Urthel nach Anweisung der gemeinen Rechte, auch Kaiser Karl V. peinlicher Halsgerichtsordnung verfaßt, daß du armer Sünder wegen deines Verbrechens mit dem Strang (oder Schwert) vom Leben zum Tode sollest hingerichtet werden."

Sofort übergibt der Stabhalter den Verurtheilten dem Scharfrichter, der ihn auf den Richtplatz führt. Hier bricht der Stabhalter den Stab in drei Stücke, wirft ihn unter das Volk und sagt: „Das gibt Gott und die Gerechtigkeit; Gott sei gnädig der armen Seel." Der Scharfrichter waltet seines Amtes und spricht sodann: „H. Stabhalter hab ich gerichtet, wie die Urthel und Recht mich angewiesen?" Hierauf sagt der Stabhalter: „Wann ihr gerichtet habt, was Urthel und Recht gegeben und euch befohlen worden, so habt ihr recht gerichtet."

Ist wohl dem ganzen Verfahren kein Priester beigegeben? Wir haben oben das Wort „Besiebung" gebraucht; es begegnet uns wiederholt in den Prozeßakten des Ober- und Unterlandes. Diese Besiebung bestand darin, daß der Angeklagte aus der Folterkammer

in ein anderes Zimmer geführt und in Gegenwart des Gerichtspräsi=
benten und sieben Gerichtsbeisitzern, aber in Abwesenheit des Scharf=
richters gefragt wurde, ob sie auch bisher die Wahrheit angegeben,
mit der Mahnung, daß sie wenigstens jetzt einem Priester die Wahr=
heit sage.¹) Die Malefizordnung von Königseggwald spricht sich
ad vocem „Bestätigung oder Besübung" eines armen Sünders so aus:
„Weil ungewiß, was dem Maleficanten das Recht geben und was er
vielleicht für einen Ausschlag gewinnen möchte, damit er aber an seiner
Seele Heil und Seligkeit nit verkürzt werde, soll man ihm Priester
zuordnen, als mög er dasjenige, was er noch nicht bekennet, Gott und dem
Priester beichten und über seine Sünd von Herzen Reu und Leid haben."
„Der Stabhalter neben Einem Gericht geht auch zum H. Pfarrer, zeigt
ihm solches an, damit der arme Sünder die Zeit bis auf den Rechts=
tag mit geistlichen Mitteln und Zusprechen versehen werden möge."

Daß die Geistlichkeit nach Umständen auch auf die Milder=
ung des Urtheils Einfluß hatte, ergibt sich aus dem über die
Bosch gefällten Urtheil und seiner Begründung: „Actum Hoßkirch
1. April 1672. Nachdem man die verhaffte Katharina Boschin auf
die beschehene „„Besibung"" von Königs Egg naher Hoßkirch ins
Wirthshaus auf dem Karren geführt und selbiger zu Versorgung ihrer
Seel die HH. Geistlichen zugelassen, sind alle Gerichtsverwandte nach
gehörter hl. Meß am Morgen um ½8 Uhr zusammenkommen, die
Urtel anfangs, daß sie **lebendig verbrannt** werden solle, weilen
sie aber höchstens **neben den HH. Geistlichen** um Milderung ge=
beten, hernach **auf das Schwert** verfaßt."²)

Urgicht, Urthel und Execution.

Unter Urgicht haben wir das **Verzeichniß der Verbrechen**
resp. **der Geständnisse der Hexen** zu verstehen, das dem versam=
melten Volke vor der Hinrichtung zum abschreckenden Beispiele vor dem
Rathhause oder auf der Richtstätte verlesen wurde.

Oefters geht dieser Urgicht eine theologisch=juribische Einleitung
voraus, worauf erst das Sündenregister mit dem „Urthel" publicirt wird.

---

1) Das oben citirte herzogliche Ausschreiben versteht unter „Besiebung", daß
dem Verhafteten „nach Verfließung vier und zwanzig völliger Stund nach ausge-
standener Marter sein Urgicht, so er bei der Tortur bekennt, vor sieben ehrlichen
Männern zu Vormittagszeit, und zwar nicht an dem Ort, Thurm oder Gewölb
da er torquirt worden, auch nicht im Beisein des Nachrichters wiederum verständ-
lich vorgelesen wird." l. c. 362. 2) l. c. 134.

So beginnt, um ein zweites ungedrucktes Aktenstück zu veröffentlichen, "Urgicht und Urthel über Marian Aichlin ihr 15j. (jähriges) Mäblin, Michaels Aichels Töchterlin, Bürgerin in Saulgau. Exeq. 5. Merz 1674" mit der Einleitung:

"Zu wissen und kundgethan sei hiemit männiglich, obwohl der allmächtige liebe, gütige Gott, Schöpfer Himmels und der Erde und aller Creaturen, den Menschen als die edelste Creatur nach seinem göttlichen Ebenbilde also zu dem Ende erschaffen, daß er der Mensch von diesem zeitlichen und kurz vergänglichen Leben alle seine Gedanken, Wort und Werk dahin richte und anordne, damit er Gott dem Allmächtigen als seinem Erschaffer und Erlöser und Alleinseligmacher seine von ihm empfangene Seele vor Allem fördere, vor schwerer, töbtlicher Sünd rein bewahre, wider all des bösen Feindes Arglist und Verführung dergestalt tapfer und männlich streite, damit er seinem Gott, sein Geschöpf und Seel selbige in sein ewiges himmlisches Vaterland zuführe und berlezt widerzubringen möge. So hat doch dessen Allem ungeachtet die hier unten (wohl unter der Tribüne des Rathhauses) vor Augen stehende arme Sünderin all dies leichtsinniger Weise ausgeschlagen, dem Gebote Gottes zuwidergehandelt und seinem göttlichen Willen in viel Weg widerstrebt, inmaffen sie dann auf eingezogene, genugsame Kundschaft, Anzeig und Verdacht verübter Hexerei in des ehrenfesten, hochgeehrten, fürsichtigen, ehrsamen und wohlweisen Bürgermeister und Rath allhiesiger löbl. Kaiserlicher und österreichischer Stadt Saulgau, auch gebietenden Herrn und Oberen in ihrer Wohlergebensten Kaiserl. Königl. wie auch landfürstlich-pönalisirten Privilegien, Freiheiten und Regalien" —. Hier bricht leider das Manuscript ab und wir erfahren nicht, welches Urthel dem armen Mädchen gefällt und an ihm vollzogen wurde.

Zur Ergänzung wollen wir ein drittes Aktenstück publiciren, das ebenfalls ein Mädchen von 11 resp. 12 Jahre betrifft. Das oben bereits genannte Mädchen von Ebersbach, Maria Auver, welches am 22. Sept. 1666 gestanden, daß es von seiner Mutter die Hexerei erlernt und mit ihr auf den Heuberg gefahren, wurde am 17. Oktober 1667 zum Tode verurtheilt. Der diesbezügliche Auszug aus dem Rathsprotokoll der Commende Altshausen lautet also:

Hexerei eines Mäblins betreffend.

Actum den 17.[8] 1667.

Praes. Ihrer Hochw. Gnaden des gnädigen Herrn Landkommenthurs, Ihrer Exc. Herrn Obervogt und mein des Amtschreibers.

Wegen des in Haft liegenden Mäblins wird in puncto executionis bem Ausschlag der eingeholten rechtlichen Gutachten so viel wie möglich zugegeben haben, nämlich daß das wegen der Hexerei in Verhaft liegende Mäblin mit dem Schwert und zwar an einem heimlichen Ort vom Leben zum Tod gerichtet und hernach der Corpell zu Aschen verbrannt werde, doch haben gnädige Herrschaft dahin sich gnädig resolviret, wann der Nachrichter einen glünderen (gelinderen) modum execuendi an die Hand geben werde, so soll man denselben in allweg beobachten. Den Ort der Execution betreffend, soll man eben diesen nehmen, wo das Mäblin bis anher in Verhaft gelegen; kann man aber einen andern finden, allwo der Prozeß heimlich zu vollziehen wäre, so wird solcher ebensowohl nicht außer Acht zu lassen sein, und im Fall der Freundschaft für das arme Kind suppliciren würde, so will man die Gnad dahin ertheilt haben, daß der Corpell mit dem Verbrennen verschont und er ein anderes Ort, etwa nahe bei dem Hochgericht soll vergraben werden." Der Nachrichter wählte nicht den „glünderen modum execuendi"; das Mädchen wurde enthauptet. Der glündere modus war die Hinrichtung durch Oeffnen der Adern in einem warmen Bade, wie dies in Oberschwaben öfters vorkam. So sollte der 10jährige Knabe Philipp Kholler in Wald nach der Weisung des Dr. jur. Jakob Kuösch, Consulenten der gräfl. Herrschaft von Königs-Egg, vom 7. Sept. 1665 gerichtet werden: ... „schließe demnach, daß gegen den verhafteten Buben die Leibs- und Lebensstraf fürgenommen werden könnte und sollte. Gleichwohlen aber und damit die Clementz nicht gar außer acht gelassen werde, kann ihm dieselbe in modo executionis gehen, wann man ihm nämlich in einem warmen Bad das Leben ausrinnen lasset, welches, soviel ich allzeit gehört, der mildeste und gegen Kinder fast übliche Tod ist."[1]) Auf diese „Clementz" hatte natürlich ein altes Hexenweib keinen Anspruch. Für sie war das mildeste Urthel „mit dem Schwerte vom Leben zum Tode bestraft und hernach Körper und Kopf zu Aschen verbrannt zu werden", wie es z. B. am 8. Mai 1665 über Elisabetha Heyingen von Oberwaldhausen[2]) gefällt, oder am 15. Juli 1617 an Katharina Wiedemännin in Saulgau vollzogen wurde. Letztere mußte der Scharfrichter nach Verlesung ihrer Urgicht gebunden auf den Hauptwasen führen, „baselbsten ihr das Haupt abschlagen, daß so das

---

1) l. c. 114 u. 115. 2) l. c. 112.

Haupt der kleinste und der Körper der größte Theil an ihr sei, alsdann alles in das Feuer werfen, sie zu Pulver und Aschen verbrennen, also von dem Leben zum Tobt bringen und endlich die Aschen vergraben soll."¹)

Schärfer wurde mit Urtel und Recht gegen Anna Millerin am 14. Juni 1616 erkannt und gesprochen, „sie lebendig uff einen Scheiterhaufen setzen, Jr einen Sack mit Pulver an den Hals henkhen, **damit sie desto belder hingerichtet werde**, daselbsten sie zu Aschen verbrennt, und hernacher in ein fließend Wasser geworfen werden soll. † Gott Jr Gnad †."²)

Noch nicht das schärffste Urtheil war das, wie es z. B. an der Anna Steuchlin von Waldsee am 5. Mai 1645 vollzogen wurde: „Sie soll dem Scharfrichter übergeben, an den Richtplatz geführt und soll **unterwegs zum brittenmal mit glühenden Zangen zu ihr gegriffen**, hernach an ein Saul gebunden, daran erdrosselt, hernach verbrannt und die Asche vergraben werden. Gott der allmächtige wöll ihrer Seel gnädig und barmherzig sein."³)

Die volle Strenge des Gesetzes erging über eine gewisse Gol=Anna in Eßlingen am 27. März 1663. Auch zu ihr wurde mit Hinweis auf Art. 1 der peinlichen Halsgerichtsordnung (Carolina) mit glühenden Zangen gegriffen, „2 Griff in beide Brüste und wieder in jeden Arm ein Griff", „hernach sie vollends wieder auf den Richtplatz geführt, an den Hals und Mitten des Leibs etliche Pulversäcke ihro gehenkt, sie an eine Feuer=Saul gebunden, darauf das Feuer angezündet und also lebendig verbrannt werden soll. Ihro zu gar wohl verdienter Straf, anderen aber zu einem Schrecken und abscheulichen Exempel." — „Bei dieser Execution hat sich nachdenklich zugetragen, daß nach Anzündung des Scheiterhaufens das Feuer gleichbalden die Sailer und Schnür, womit der Maleficantin Gol=Anna Händ zusammengebunden waren, ergriffen und verzehrt, dem Pulver aber, welches in zarten leinenen und gleichsam durchsichtigen Säcken angehängt gewesen — ohngeachtet die Luft ganz still und stät, schön warm Wetter und die Flammen gleich von Anfang beständig über sich geschlagen — vor einer Viertel Stund ungefähr und da die Gol=Anna schon tobt und vom Feuer völlig eingenommen war, lediglich nichts gethan. Woraus geist= und weltliche Spectatores justam Vindictam Dei indubitative (Zuschauer die gerechte Strafe Gottes unzweifelhaft) ge-

---

1) Manuscript. 2) l. c. S. 140. 3) Haas l. c. 102.

schloſſen, um ſo viel eher bisweilen, wie bei ihrer ganzen Captavität, alſo auch Executionsprozeß ſchlechte Reu und Buß anzumerken geweſen."¹)

Eine **himmelſchreiende Execution** fand im Jahr 1600 in München ſtatt. Zwei Eheleute mit ihren zwei Söhnen hatten nach ihrer durch die Folter erpreßten Ausſage 400 Kinder verzaubert und getödtet, 58 Perſonen krumm und lahm gemacht und viele andere Grauſamkeiten begangen. Dafür wurden die Söhne 6 Mal mit glühenden Zangen gezwickt, an den Armen gerädert und an einem Pfahle verbrannt. Den Vater ſteckte man an einen glühenden Spieß, die Mutter aber wurde auf einen eiſernen, ebenfalls glühend gemachten Seſſel gebunden und darauf gleichfalls verbrannt. Der jüngſte Sohn, den man unſchuldig erfunden, mußte dieſer entſetzlichen Hinrichtung zuſchauen, „damit er ſich forthin zu hüten wußte."²)

Eine Appellation an das Reichskammergericht.

Im Dezember 1508 klagte Anna Spülerin in Ringingen, O./A. Ehingen, vor dem Stadtammann zu Ulm gegen 23 Einwohner von Ringingen auf Entſchädigung (Wandel, Abſchlag und Belehrung, angeſchlagen auf 2000 Gulden) durch eine durch die Schuld derſelben erlittene Unbill. Als nämlich vor einem Jahre, wie ſie ſagt, ihre Mutter nebſt einigen andern Weibern auf Anrufen der Einwohner von Ringingen durch den Vogt von Blaubeuren als Hexe eingezogen worden, ſeien ihr Worte gerechter Entrüſtung entfallen, wodurch ſie, wie ſich herausgeſtellt, verdächtig geworden. Um der Gefahr zu entgehen, habe ſie fliehen wollen, ſei aber von den Ringingern eingeholt und nach Blaubeuren geſchleppt worden. Daſelbſt im Gefängniß habe ſie erwartet, daß ihre Unſchuld wenigſtens offenbar und ſie entlaſſen werde; aber Niemand ſei zu ihr gekommen, als gleich Abends eines ehrſamen Raths zu Ulm Züchtiger und Peiniger, der hätte gegen ſie „ſtreng peinlich unmenſchlich und unweiblich gehandelt und von ihr wiſſen wollen, Sy wäre aine (Hexe);" „nachmals wäre ſie in ein ander Fangknus und Gemach geführt und abermals nit ein, zwei, drei, viermal, ſondern unmenſchlich peinlich gemartert, alle ihre Glieder zerriſſen, ſie ihrer Vernunft und fünf Sinne beraubt, daß ſie ihr Geſicht

---

1) Nach dem Manuſcr. des ſog. Blutbuches von Eßlingen de Anno 1600—1725, die Hinrichtung der Hexenleute betreffend. 2) Odilo Schreger — Nützliche Zeitanwendung. Augsb. 1791. S. 265.

und Gehör nicht mehr hätte, wie zuvor." Darauf sei ein anderer Züchtiger von Tübingen mit dem Vogt gekommen, der ihr gedroht, „sie wollen ihr alle Adern im Leib zerreißen, sie haben für und für von ihr wissen wollen „Sy wäre aine", haben sie dann verlassen mit der Drohung, sie wollen Morgens wieder kommen und mit noch härterer Pein und Marter gegen sie handeln. Doch Gott habe sich ihrer erbarmt, und sei sie noch in derselben Nacht aus ihrem Gefängniß erlöst worden. Nach verschiedenen Verhandlungen erkannte das Gericht den Verklagten den Eid zu, daß sie an der Pein und Marter der Spülerin nicht Schuld gewesen. Die Ringinger erklärten sich bereit, zu schwören; die Klägerin aber appellirte an das Kammergericht. Und das Kammergericht? — wies die Sache zur weiteren Verhandlung an das Gericht der Stadt Biberach. Im Jahr 1518 war der Prozeß noch nicht entschieden; überhaupt ist nicht bekannt, ob er je und wie er entschieden wurde.[1])

Die Anna Spülerin wurde wieder frei. Welches wird ihr Loos gewesen sein? Wir wissen es nicht; aber das wissen wir, daß eine Angeklagte sich schuldig bekannte, um durch den Tod dem Elende, das auf sie nach erlangter Freiheit gewartet, zu entgehen; „denn, so sagte sie, Niemand werde sie fortan aufnehmen und zu essen geben; man werde sie vielmehr schlagen und Hunde auf sie hetzen. Darum habe sie gewünscht, todt zu sein."[2])

P. Spee's Urtheil über die Hexenprozesse.

Nachdem wir das prozessualische Verfahren bei den Malefizgerichten in speziellen Fällen aus den uns vorliegenden Akten Oberschwabens klar gelegt, wollen wir dem hierin competentesten Augenzeugen das Wort geben. Sein Urtheil über die Hexenprozesse soll zugleich auf die verschiedenen Beurtheilungen des Hexenwesens selbst überleiten.

Friedrich v. Spee,[3]) geboren im Jahr 1591 zu Kaiserswerth

---

1) Nach den Original-Akten des Reichs-K.-Ger. von Solban l. c. 1, 459.
2) Görres, l. c. 4, 645. 3) cfr. die bereits citirte Biographie-Skizze von Diel; S. Jes. 1872 und Baldi „Die Hexenprozesse in Deutschland." Würzb. 1874. Dieser gibt im Anhange einen Auszug aus der Cautio crim. Dr. Carbauns ist also nicht genugsam orientirt, wenn er in seinem „Friedrich Spee" 1884 (Frank. Brosch. 5. Bd., Heft 4 S. 111) meint, „dieses Meisterwerk nach Inhalt und Form, von den Zeitgenossen bewundert und gehaßt, wird heute von Allen gepriesen und doch von Wenigen gelesen, bei einer Menge neuerer Autoren erwähnt und zu mitunter umfangreichen Citaten benutzt, ohne daß es aber meines Wissens Jemand unternommen hätte, eine wirkliche Analyse zu geben.

bei Düsseldorf, studirte bei den Jesuiten in Köln, trat im Jahr 1610 in ihre Gesellschaft, wurde im Jahr 1627 mit den Schrecknissen der Hexenprozesse bekannt und starb zu Trier am 7. August 1635 an einer ansteckenden Krankheit, die er sich in Ausübung seiner werkthätigen Nächstenliebe bei Pflege kranker und verwundeter Franzosen zugezogen. Sein Leichnam wurde im Gewölbe der dortigen Jesuitenkirche beigesetzt. Der Sarg trug die einfache Inschrift: Hic jacet Friedericus Spee. Vier Jahre vor seinem Tode erschien sein hochberühmtes Werk: „Cautio criminalis seu de processibus contra sagas, liber ad magistratus Germaniae hoc tempore necessarius; tum autem consiliariis et confessariis principum, inquisitoribus, judicibus, advocatis, confessariis reorum, contionatoribus ceterisque lectu utilissimus. Auctore incerto Theologo orthodoxo. Rintelii, typis exscripsit Petrus Lucius, typogr. Acad. MDCXXXI." Das Werk erschien also 1631 anonym in dem protestantischen Rinteln. Die erste vollständige Uebersetzung publicirte im Jahr 1648/49 Johann Schmid zu Frankfurt a. M. Wie aus der Vorrede hervorgeht, war 14 Jahre nach Spee's Tod selbst dem Uebersetzer der Verfasser des Buches gänzlich unbekannt.[1]) Er gab ihm den Titel: „Hochpeinliche Vorsichtsmaßregeln oder Warnungsschrift über die Hexenprozesse, gerichtet an alle Behörden Deutschlands, an die Fürsten und ihre Räthe, an die Richter und Advokaten, Beichter, Redner und das ganze Volk."

Das Buch Spee's machte gleich bei seinem Erscheinen ein so immenses Aufsehen, daß Gronaeus, der es bereits im Jahr 1632 zum zweiten Male in Frankfurt druckte, in der Vorrede sagt, es seien alle Exemplare der 1. Auflage innerhalb weniger Monate so plötzlich vergriffen gewesen, daß man um keinen Preis ein Exemplar mehr haben konnte.

Spee theilte seine Cautio criminalis in 51 Artikel (dubia) oder Fragen (quaestiones) und einen Anhang „über die Tortur."

Aus quaest. XI Nro. 4 und quaest. I Nro. 1 erfahren wir, daß er als Beichtvater über 200 in ihren Gefängnissen besucht, zum Tode vorbereitet und zur Hinrichtung geleitet. Wie schwer ihm sein Amt geworden, erhellt aus der bekannten Antwort, die Spee dem ihm befreundeten Kanonikus Johann Philipp

---

[1]) Dem entgegen sucht Dr. Carbauns gleichwohl nachzuweisen, daß „jedenfalls die Meinung unberechtigt ist, seine Autorschaft sei ein wirkliches Geheimniß und noch bei seinem Tode nur wenigen Personen bekannt gewesen." „Die Anonymität ist hier nur ein durchsichtiger Schleier."

von Schönborn, später Bischof von Würzburg und Kurfürst von Mainz, gab, wie uns Leibniz erzählt.¹) Als ihn Schönborn fragte, warum er ein graueres Haupt habe, als seinem Alter gemäß sei, antwortete Spee: „Das rührt von den Hexen her, die ich zum Scheiter= haufen begleitet habe," wobei er sich des Weitern dahin ausgesprochen haben soll: Er habe durch alle Nachforschungen in seiner Stellung als Beichtvater bei keinem von denen, die er zum Tode vorbereitet, etwas gefunden, woraus er sich hätte überzeugen können, daß ihnen das Verbrechen der Zauberei mit Recht wäre zur Last gelegt worden. Doch lassen wir Spee in seiner Cautio crimininalis selber sprechen, indem wir auf die interessantesten seiner 51 Artikel mit ihren Fragen und Resultaten des Näheren eingehen:

Dubium I. **Es gibt Zauberer und Hexen**, aber nicht alle, die man dafür hält, sind auch in Wirklichkeit solche. „Obgleich ich selbst, schreibt Spee wörtlich, viel in Kerkern mit Elenden, die satani= scher Gemeinschaft beschuldigt waren, in geistlichem Berufe verhandelte und mit Fleiß, aufmerksamer Forschung, will nicht sagen Neugierde, all' mein Denken so in diesem lichtlosen Abgrunde verwickelt habe, daß ich nicht mehr wußte, was ich von dieser Sache glauben sollte, so habe ich dennoch, die Summe der verwirrten Gedankenrechnung zu= sammenziehend, **für wahr halten müssen, daß solche Verbrechen bestehen und dieses ohne Frevelmuth und groben Unverstand nicht geleugnet werden kann**. Daß aber so Viele und alle Jene, welche verbrannt werden, wirklich schuldig seien, glaube weder ich, noch andere gottesfürchtige Männer. Es soll mich auch Niemand so leicht dessen überreden, falls er nur nicht mit ungestümem Schreien und blinder Autorität, sondern mit Vernunft und Nachdenken gegen mich treten und mit mir die Sache prüfen will."

Dub. II. Daß man in Deutschland mehr Scheiterhaufen, als bei andern Völkern rauchen sieht, kommt von Unverstand und Aber= glaube, der Mißgunst und Bosheit des gemeinen Mannes.

Dub. III. Die Zauberei ist und bleibt ein abscheuliches und schreckliches Verbrechen.

Dub. IV. Sie ist ein crimen exceptum, das darum auch ein gesetzliches Ausnahmsverfahren erfordert.

Dub. V. Gleichwohl darf nicht wider alle Ordnung und Ver= nunft und mit ungerechtfertigter Willkür verfahren werden.

---

1) Hauber, Biblioth. magica 3, 15.

Dub. VI. Die Obrigkeit darf strenge einschreiten; aber
Dub. VII. die Mittel, die sie anwendet, sind falsch; denn sie mögen brennen, so viel sie wollen, sie werden das Uebel doch nicht ganz verbrennen.
Dub. VIII. Bei Anklage und Untersuchung muß mit größter Vorsicht zu Werke gegangen werden, da durch Bosheit, Argwohn, Habsucht, auf bloße Denunziation hin, viele Unschuldige in Gefahr kommen.
Dub. IX. Die Fürsten können es nicht verantworten, wenn sie in einer so wichtigen Angelegenheit, wo es sich um Leib und Leben, Ehre und Gut der Menschen handelt, ihren Räthen und Beamten den ganzen Prozeß überlassen.
Dub. XII. Wenn Gefahr besteht, daß Unschuldige mit in's Verberben gezogen werden, müssen die Hexenprozesse, selbst wenn sie zum allgemeinen Besten wären, aufgehoben werden, weil man nicht Böses zu dem Zwecke thun darf, daß Gutes daraus entstehe. — So der Jesuite Spee.[1])
Dub. XIII. Wenn trotz aller Vorsicht Gefahr ist, daß Unschuldige betroffen werden, muß selbst mit der Inquisition und Hinrichtung der Schuldigen eingehalten werden.
Dub. XIV. Leute, welche die Obrigkeit zu den Hexenprozessen antreiben, gibt es vier Arten: 1) nicht weltläufige, unerfahrene Geistliche und Prälaten meist von ihrer Studirstube aus und andere einfältige, fromme Männer; 2) gewinnsüchtige Richter; 3) das unverständige, neidische und boshafte gemeine Volk; 4) Solche, die selber der Hexerei verdächtig sind.
Dub. XV. Auf den Kopf einer Hexe darf kein Preis mehr gesetzt sein und die Confiscation der Hexengüter muß aufhören.
Dub. XVI. Welch' erbärmliche Rolle die Habsucht bei den Hexenprozessen spielte, wird uns hier berichtet. Ein weltlicher Inquisitor ließ durch Helfershelfer die Bauern in den Dörfern gegen die Hexen aufreizen und sofort ihnen sagen, er wolle kommen und die Unholde verbrennen, wenn ihm eine bestimmte Summe als Pfandschilling vorausbezahlt werde. Hatten die Bauern das Geld zusammengebracht, so veranstaltete er einen oder zwei Brände, drohte aber dann

---

[1]) Balbi, dem wir nächst Diel in diesem Auszuge besonders folgten, macht hiezu die überraschende Bemerkung „gewiß gegen die sonst übliche Jesuitenmoral", anstatt gerade mit Bezug auf Spee der Tendenz-Lüge, daß nach der Jesuitenmoral der Zweck die Mittel heilige, entgegenzutreten.

mit seinem Weggange, falls ihm jene Summe nicht von Neuem bezahlt werde. Dies geschah zuweilen zwei oder drei Mal, bis die Kräfte der Gemeinde erschöpft oder die wohlhabensten Frauen verbrannt waren.

Dub. XVII. Das natürliche Recht, wie die christliche Liebe verlangen, daß jedem in solcher Weise Angeklagten ein Vertheidiger beigegeben werde.

Dub. XVIII. Man soll die Gefangenen nicht sogleich nach ihrer Einziehung auf die Folter bringen; man soll ihnen Anklagepunkte und Zeugenbeweise vorlegen, kein Anwalt darf denselben die Hilfe versagen. Sie sollen das Recht haben, zu appelliren, wenn sie zur Tortur verurtheilt sind. Doch anstatt auf dergleichen Ermahnungen zu hören, wurden die Richter aufgebracht. „Als neulich, erzählt hier Spee, ein Priester den Richtern ganz im Geheimen aus den Akten nachwies, daß der Prozeß gegen einige bestimmte Personen völlig ungerecht geführt werde, gaben sie ihm kein Gehör. Sie ließen jene Weiber verbrennen, ihm selber aber verboten sie ein= für allemal den Besuch des Kerkers. Aehnliches soll auch Anderen passirt sein."

Dub. XX. Die grausame Anwendung der Folter stürzt viele Unschuldige in's Verderben, die wegen der unausstehlichen Schmerzen nicht bloß sich selbst schuldig bekennen, sondern durch die Tortur auch viele andere Unschuldige anzugeben gezwungen werden. Es ist deshalb nicht zu verwundern, daß bei uns alles voll Hexen ist. Hier redet er mit den bittersten Worten die Rechtsgelehrten an, welche in ihren Büchern von nichts als Hexen und Zauberern sprechen und mit Gewalt zur Verfolgung anfeuern. „O der Blindheit und der Dummheit solcher Weisen! Da sitzen sie hinter dem Ofen in behaglicher Gemüthlichkeit und hecken Commentare aus. Sie selbst empfinden keinen Schmerz, reden aber viel von Qualen, die man den Unglücklichen anthun soll, gerade wie ein Blindgeborner, der gelehrte Dissertationen über die Farben hält. Sezt sie doch einmal ein halbes Viertelstündchen dem Feuer aus, dann werdet ihr sehen, wie all' ihre Weisheit und großmächtige Philosophie zusammenbricht. Sie philosophiren in kindischer Weise über die Dinge, von denen sie nichts verstehen."

Dub. XXI. Man soll einen Angeklagten, der nach der ersten Tortur wieder leugnet, höchstens noch einmal zur Folter bringen, es ist das schon grausam genug. Wer aber die Tortur einmal ausgestanden und nichts bekannt, darf ohne neue und klare Beweise gar nicht mehr gefoltert werden.

Dub. XXII. Es ist eine Schande vor Gott und der Welt und gegen alle Gerechtigkeit, eine Person, deren Unschuld sich herausgestellt hat, doch nicht freizulassen. Richter und Henker halten es nämlich in der Praxis für einen Schimpf, die Schuld nicht gefunden zu haben, deshalb quälen und martern sie eine Unglückliche so lange, bis sie, um nur einmal durch den Feuertod ihren verlängerten Leiden ein Ende zu machen, sich schuldig bekennt.

Dub. XXIII. Die gegen alle christliche Liebe und alles Recht willkürlich vorgenommene Wiederholung der Tortur von Seite der Richter und Kommissäre ist eine unmenschliche Grausamkeit; ja durch dieses Verfahren ist erst die große Menge der Zauberer und Hexen in Deutschland hervorgerufen worden.

Dub. XXIV. Drei vorzügliche Gründe gibt es für ängstliche Richter, womit sie ihr Gewissen zu beruhigen suchen, wenn sie gegen alles Recht die Folter, so oft sie nur wollen, anwenden: 1) Man muß immer von Neuem Aussagen gegen die Beklagten zu erzwingen suchen; 2) Man muß sie von den Denunzianten persönlich überführen lassen; 3) Man kann die Schuld schon daraus abnehmen, wenn Jemand so viel Martern, ohne zu bekennen, ausstehen kann. Das ist also heute die Praxis, aber die Fürsten und Herren kümmern sich nicht darum.

Dub. XXV. Ist einmal ein Beklagter im Stande, alle Foltergrade ohne Bekenntniß auszuhalten und äußerlich keine besondern Schmerzen zu zeigen, so sind die Richter da und erklären dies recht für ein indicium, daß die Beschuldigte mit dem Teufel im Bunde sei und sie nennen dies nach dem Hexenhammer ein maleficium taciturnitatis. Bei solcher Praxis ist aber die Folter nicht da, um die Wahrheit zu offenbaren, sondern nur um zu beweisen, daß jeder, der gefoltert wird, schuldig ist.

Dub. XXVI. Die Zeichen, aus welchen die Richter schließen wollen, daß jemand auch zur Ausdauer und zum Schweigen während der gräßlichsten Folterschmerzen vom Teufel verzaubert sei — als Lachen, Gefühllosigkeit, Verstummen, Erschlaffung, Einschlafen, Nichtbluten — sind entweder falsch oder verkehrt aufgefaßt, zum mindesten nicht unnatürlich.

Dub. XXVII. Aus allen diesen Gründen geht hervor, daß die Folter das rechte Mittel nicht sein kann, die Wahrheit zu erforschen.

Dub. XXIX. Die Folter muß entweder ganz abgeschafft oder ohne Gefahr für die Unschuldigen angewendet werden; denn **unter 50 hingerichteten oder verbrannten armen Sündern** sind nach meiner innersten Ueberzeugung kaum fünf Schuldige zu finden. Deswegen sollen sich Fürsten und Herren ein Gewissen daraus machen und bedenken, daß man mit Menschenblut nicht spielen darf und daß sie alle bereinst Rechenschaft dafür ablegen müssen. „Wehe, ruft hier Spee aus, wehe den Fürsten, die, statt Völkerhirten zu sein, die unmenschlichen Greuel unter ihren Schutz nehmen. Wehe den Richtern, deren Kastengeist aus den Hexenprozessen ein Privilegium und eine Erwerbsquelle gemacht hat. Und doch sollten sie die Schuld bedenken, mit welcher ein übereiltes Todesurtheil das Gewissen belastet; sie sollten sich erinnern, daß man mit Menschenblut nicht kurzweilen und Menschenhäupter nicht leichtsinnig wie Kegelklötze hinwerfen dürfe. Wir alle müssen bereinst zum Richterstuhl der Ewigkeit, und wenn dort jedes unnütze Wort verantwortet werden muß, was wird mit solchen blutigen Thaten geschehen?"

Dub. XXX kommt ausführlich in 19 Artikeln darauf zu sprechen, daß die Beichtväter sanftmüthige, verständige, gottesfürchtige und erfahrene Männer seien, die den Richtern durchaus nicht an die Hand gehen dürfen, wie sie die armen Sünder peinigen dürfen. Aber freilich, „etliche Inquisitoren, wenn sie behutsame und vorsichtige Priester antreffen, sagen: Solche Leute passen nicht in unsern Kram." Spee war bei seinem ersten Besuche in den Gefängnissen tief gebeugt; die Gefangenen weigerten sich, die hl. Sacramente zu empfangen, weil sie fürchteten, die Beicht möchte in den Augen der Richter als Geständniß erscheinen. Aber auch ein Gespräch außer der Beicht vermieden sie sorgfältig, um den Priester nicht als Ankläger zu haben. In diesem 30. Dub. Art. 19 findet sich die bedeutungsvolle Stelle: „Ich betheure es bei einem Eide, daß ich noch keine Einzige zum Feuer begleiten helfen, von der ich, wenn ich alles reiflich erwogen habe, sagen könnte, daß sie des Lasters in Wahrheit schuldig gewesen. Und eben dasselbe haben mir noch zwei andere angesehene Theologen auch gesagt; und doch habe ich allen möglichen Fleiß angewendet, um die Wahrheit zu ergründen."

Dub. XXXI. Es ist ein schändliches, schimpfliches und entehrendes, besonders den guten Ruf der alten deutschen Schamhaftigkeit verletzendes Verfahren, daß man den Gefangenen vor der Tortur durch den Henker die Haare am ganzen Körper abscheeren läßt, da dies zu den größten Mißbräuchen führt.

Dub. XXXII—XXXVIII fordern die größte Sorgfalt in Prüfung der Erweise, daß zur Gefangenlegung und Folter vorgeschritten werden darf.

Dub. XXXIX. Es ist ungerecht und grausam und eine nicht zu verantwortende Sünde, ja überhaupt gegen den eigentlichen Zweck der Folter, wenn man eine Angeschuldigte nach drei= bis viermaliger Tortur, ohne daß sie etwas bekannt hat, dennoch verurtheilt und so= gar lebendig verbrennt, wie es bisher leider jetzt Praxis ist.

Dub. XL. Der Widerruf auf dem Hinrichtungsplatz von solchen, die sich durch die Folter für schuldig bekannt haben, und aufrichtig bekehrt und Buße gethan haben, ist von größter Bedeutung, und doch ist unsere Praxis, daß eine Hexe nicht widerrufen kann, da die Richter selbst das größte Gewicht darauf legen, daß kein Widerruf stattfindet.

Dub. XLI. Wenn eine Hexe im Kerker stirbt,[1] ehe sie bekannt hat oder überführt ist, so ist es gegen alle Vernunft anzunehmen, wie dies viele unvernünftige Richter thun, daß ihr der Teufel den Hals umgedreht hat; vielmehr muß man dafür halten, daß sie eines ehr= lichen und natürlichen Todes gestorben, so lange nicht das Gegentheil bewiesen ist.

Dub. XLII. Betrug und Leichtfertigkeit haben dazu geführt, sog. Teufelsmale, gefühl= und blutlose Stellen am Körper, wenn sie überhaupt vorhanden, schon an und für sich als ein indicium zur Tortur oder Verurtheilung anzunehmen.

Dub. XLIV. Es darf Niemand, besonders wenn einer in gutem und ehrbarem Rufe steht, auf die Angabe von drei oder vier Mit= schuldigen hin eingezogen oder gar der Tortur unterstellt werden, da nach den vortrefflichsten Rechtsgelehrten, nach der Halsgerichtsordnung Karl V. (Carolina) und selbst nach dem strengen Hexenhammer der Aussage einer Hexe nicht zu trauen ist.

Dub. XLV. Man darf den Denunziationen der Hexen selbst dann nicht glauben, wenn sie sich bekehren und Buße gethan haben.

Dub. XLVI. Wenn es vorkommt, wie dies häufig geschieht, daß selbst fromme Männer und Fürsten von den Hexen als Theilnehmer an ihren Zusammenkünften und Tänzen gesehen worden sein sollen, so kann dies daher rühren, daß der Teufel im Stande ist, Gestalt und Bild unschuldiger Männer anzunehmen, um sie ins Verderben zu stürzen, da er sich doch nach der hl. Schrift auch in einen Engel des Lichts verwandeln konnte; in den meisten Fällen spielt aber bloß kranke, aufgeregte Phantasie bei solchen Angaben sowohl für ihre eigene Person als auch für andere stark mit.

---

[1] Wie z. B. die oben genannte Margaretha Urnauer in Saulgau.

Dub. XLVIII. Auch werden die Beklagten, wenn ich meine Herzensmeinung sage, vorzüglich durch die Pein der Folter dazu gezwungen, daß sie diese oder jene auf Hexentänzen gesehen — weshalb ich anfange zu zweifeln, ob es überhaupt Hexen gebe. — Hiezu findet sich ein köstlicher Beleg. „Kürzlich," erzählt Spee, „hatte ein Fürst zwei Ordensleute zu Gast, vor denen er die Befürchtung aussprach, daß doch vielleicht Unschuldige verbrannt worden seien. Da er hiebei einen der Beiden um seine Meinung fragte, sagte dieser — hitzig und maßlos wie alle Leute, die ihre Philosophie nie weiter als vier Fuß vom Ofen entfernt treiben —: „Was soll uns denn in einer mit so vielen Zeugnissen belegten Sache ängstlich machen? Hüten wir uns doch, zu glauben, Gott könne jemals unschuldiges Blut so verrathen lassen." Man disputirte hin und her, bis der Fürst dem Streite ein unerwartetes Ende machte mit den Worten: „Aber mein Vater, das thut mir leid deinetwegen; du hast dich mit eigenem Munde eines Capitalverbrechens schuldig bekannt, und darfst dich nicht beschweren, wenn ich dich einsperren lasse. Nicht weniger als 15 Personen nämlich haben bezeugt, sie hätten dich auf den Hexenzusammenkünften gesehen. Scherz bei Seite: ich kann die Akten holen."

Dub. XLIX. Nichtigkeit aller Gründe (nicht weniger als 11), welche dafür angeführt werden, daß man den Denunziationen der Hexen glauben dürfe.

Dub. L. Die Gründe, welche ich bisher für meine Ansicht in obigen Dingen ausgesprochen habe, sind so stark und unwiderlegbar und beiden Theilen, dem Denunzirten, wie Denunzianten so ersprießlich, daß ein gerechter Richter auch darnach handeln muß, so lange er sie nicht zu widerlegen im Stande ist.

Dub. LI. Spee empfiehlt denen, die nicht Luft haben, das ganze Buch zu lesen, vor Allem diesen 51. Artikel; denn er enthält eine summarische Darstellung des ganzen Hexenprozesses und eine Schlußrede, der wir Folgendes entnehmen: „Wenn dieser Prozeß in jetziger Zeit so fortgetrieben werden sollte, wird kein Mensch, welches Geschlechts, Vermögens, Standes, Amtes und Würde er sein möge, von diesem Verbrechen oder Verdacht desselben sicher sein und bleiben, wenn er nur so viele Feinde hat, die ihn der Hexerei bezichtigen und es laut sagen können, weshalb ich, wohin ich mich wenden mag, einen elenden Zustand um mich sehe, wenn nicht diesem Unwesen in anderer Weise vorgebaut wird. Ich habe es oben gesagt und sage es nochmals mit einem Worte, daß dieses Uebel oder Laster der Zauberei mit Feuer nicht, sondern auf andere Weise und fast ohne Blutvergießen ganz kräftig ausgetilgt werden könne. Aber wer ist, der solches zu wissen begehrt? Der Anhang über die Tortur spricht von deren großen unwiderstehlichen Wirkungen auf Geist und Willen des Menschen, wie dies nach Tacitus annal. XV. c. 44 schon die Folgen der zur Zeit der Christenverfolgung unter Nero angewendeten Tortur beweisen.

„Es konnte nicht fehlen, daß diese vortreffliche Schrift zum Nachdenken anregte und die Gemüther aufrüttelte." „In Würzburg hörte auf Befehl des Kurfürsten von Mainz, Philipp von Schönborn, alle Hexenspürerei auf. Seinem Beispiele folgten viele andere Fürsten. Nach und nach erloschen überall die Scheiterhaufen bis auf einen Theil des Nordens, wo Thomasius durch seine Schrift dem Unwesen steuerte."
„So wurde P. Spee der Retter unseres Vaterlandes" sagt der Verfasser der „Hexenprozesse" im Broschüren=Cyclus (S. 80). Daß all dies thatsächlich begründet wäre! Wohl hätte Spee der Retter des Vaterlandes werden können, wenn man seinen Ermahnungen, Bitten und Beschwörungen Gehör geschenkt hätte, das war aber in der That nicht der Fall. Gewiß „wäre, wie Baumgarten zutreffender schreibt, kein Unschuldiger wohl jemals in Deutschland wieder verurtheilt worden, hätte man nach Spee's Grundsätzen den Prozeßgang in Deutschland eingerichtet" (S. 150), aber er wurde nicht so eingerichtet; im Gegentheil ist von der Mitte des 17. Jahrhunderts erst recht darauf losgefoltert worden. Der protestantische Leipziger Professor Carpzov († 1666), dem kein Jurist des 17. Jahrhunderts, wie Solban sagt, „bezüglich aller Fragen des Criminalrechts an Autorität auch nur annähernd gleichkam", stand dem Jesuitenpater in Beurtheiluug und Verurtheilung der Hexen schnurgerade entgegen, „er schwamm ganz mit dem Strome, und darum trug ihn der Strom empor, während der widerstrebende Spee unter den Wellen begraben und vergessen war."[1] Es wurden also auch fortan und nach Spee's Tod erst recht die entsetzlichsten Bluturtheile gefällt. Gleichwohl konnte die Zeit nicht ausbleiben, wo der längst begrabene, vergessene Jesuitenpater zu voller Geltung kam, von Freund und Feind zu den edelsten Männern unserer Nation, den Lieblingen

---

[1] Solban l. c. 2, 213. Spee wollte, wie wir gesehen, es selbst nicht wagen, der „Cautio criminalis" seinen Namen beizusetzen.

des Menschengeschlechts gezählt wurde, wo man seine Ansichten bei Beurtheilung der Hexenprozesse, wie des Hexenwesens zu Grunde legte und sich aus dem grauenvollen Hexenwahn herauszuarbeiten suchte.¹)

III. Das Hexenwesen.

Historischer Excurs.

Mit dem Hexenhammer lernen wir 48 Hexen Oberschwabens kennen, die in der Diöcese Constanz und in Ravensburg verbrannt wurden und zwar als Succuben,²) d. h. als Weiber, die mit dem Teufel Unzucht getrieben hatten. Von einem achtjährigen Mädchen aus Schwaben und ihrer Mutter erzählt uns Sprenger ebenfalls im Malleus malefic. Folgendes: Ein Bauer ging mit dieser seiner Tochter über Feld und habe die Trockenheit und Dürre mit den Worten beklagt: „Ach! wann wird uns doch Gott Regen schicken?" Das Mädchen hätte unverzüglich darauf versetzt, sie könne Regen hervorbringen, wann er es wollte. Er habe erwidert: „Und wer hat dich dieses Geheimniß gelehrt?" „Meine Mutter", sei die Antwort gewesen, „aber sie hat mir verboten, es Jemand zu sagen." „Aber wie konnte sie dir diese Gewalt geben?" „Sie führte mich zu einem Manne, der zu mir kommt, so oft ich ihn rufe." „Und hast du diesen Mann gesehen?" „Ja," hätte sie gesagt, „oft habe ich bei meiner Mutter Männer einkehren sehen, deren einem sie mich geweiht hat." Nach diesem Dialog habe sie der Vater gefragt, wie sie es angehe, damit es blos auf sein Feld regne. Sie hätte nur wenig Wasser

---

1) Auch Dr. Carbauns kommt über „die Früchte der Cautio criminalis" zu keinem andern Resultate. „Es waren flammende Worte, die Spee seinem Volke zurief und sie haben gezündet"; doch „auch das 17. und selbst das folgende Jahrhundert hat noch entsetzliche Dinge auf dem Gebiete des Hexenprozesses erlebt."
2) Nach Joh. Niber († 1440) haben sich bereits auf dem Constanzer Concil (1414—18) Schaaren von Succuben in Gestalt feiler Dirnen eingefunden. cfr. dessen Formicar., Anhang des Malleus ed. Francof. 1592.

verlangt. Da habe er sie zu einem nahen Bache geführt; und sobald sie im Namen dessen, dem die Mutter sie geweiht, Wasser gefordert hätte, habe man auf des Bauern Acker reichlichen Regen herabströmen sehen.

Der Vater, überzeugt, sein Weib sei eine Hexe, zeigte sie den Richtern an, von denen sie zum Feuertod verurtheilt wurde. Das Mädchen sei getauft (?)[1]) und Gott geweiht worden und habe damit die Macht verloren, willkürlich Regen hervorzubringen. So weit der Hexenhammer.

Die Hexenbrände dauerten in Oberschwaben volle 250 Jahre fort und hatte, wie wir oben gehört, die Verfolgung der Hexen in der Donaustadt Saulgau im Jahr 1731 noch nicht aufgehört, was ihr den Beinamen „Hexenstädtlein" eingebracht hat.[2]) Doch wie sind denn die Hexen in unser Schwabenland gekommen? „Denn," sagt Mone,[3]) „wir müssen das Hexenwesen, wie es in den Prozessen des 17. Jahrhunderts erscheint, nicht als Anfangs=, sondern als den Ausgangspunkt betrachten und seinem Ursprunge rückwärts nachspüren, soweit sich geschichtliche Zeugnisse dafür vorfinden." Mone hat sich selber[4]) an diese große Arbeit gemacht und führt das Hexenwesen und namentlich den Sabbath **auf Hekate und die alten Bachanalien zurück, die den Deutschen schon während ihres Aufenthaltes am schwarzen Meere bekannt geworden seien.**

---

1) Es kann sich nur um eine **bedingungsweise Taufe des Mädchens** handeln, weil es f. Z. etwa von einer Hebamme getauft worden war. 2) Schilling hat hiezu (l. c.) aus Albenbergers „Fewer-Spiegel" vom Jahr 1610, einem sehr selten gewordenen Büchlein, folgende interessante Notiz gebracht: „A. Christi 1580 im Febr. vom 7. bis auff 20. July sind am Necker und Rheinstrom hundert und vierzehn Zauberin und Hexen verbrand worden, als zu Wurzen (Wurzach) 9. zu Biberach 5, zu Kirch (Leutkirch) 4, zu Wangen 9, zu Isne 3, zu Fissach (Füssach) und Wolfa (Wolfach) 11, zu Horb und Rotenburg am Necker 9, zu Treiburg (Freiburg? — ich meine eher Trieberg —) und Rottweil 30, zu Costnitz (Constanz) 11. Den 6. Mai zu Ueberlingen 3, zu Kuppenheim 6, in der Wantzenau 3. Zu Burga (Burgau?) 6 Hexen, sampt einem Hexenmeister oder Drudenkönig, zu Rabstadt (Rastatt) 4, und zu Baden 5, welche den Menschen, Viehe und Getreid auff dem Felde mit ihrem Teuffelischen Zauberwerk großen schaden zugefügt." Wenn Schilling hier sofort auch Saulgau als „Hexenstädtle" anzieht, mit dem Bemerk: „Die kleine Stadt Saulgau ließ von 1650—1670 eine Hinrichtung der andern folgen und erwarb sich dadurch den Beinamen", so müssen wir doch auf Hafen (oben S. 23) zurückweisen. Der Beiname stammt nicht von dem vielen, sondern dem **langen** Hexenbrennen. 3) Anzeiger zur Kunde der deutschen Vorzeit. 1839, S. 119 ff.) 4) l. c.

Von einem andern verdienten Forscher, Dr. Schreiber, haben wir bereits zur Einleitung gehört, daß auch er den „Zusammenhang des Hexen- und Zauberwesens mit den heidnischen Religionsgebräuchen" nachzuweisen sucht. Hiebei bleibt er aber im Lande und sucht nachzuweisen, daß die dem Hexenwesen zu Grunde liegenden Vorstellungen „nur von der ursprünglichen Bevölkerung herrühren konnten," „sich als ursprünglich keltische ausweisen."[1]) Die Kelten, d. h. die nächsten Stammverwandten der Bewohner Galliens oder des jetzigen Frankreichs, mit ihren Druidendiensten waren nach den Erbauern der Pfahlbauten in der eigentlich geschichtlichen Zeit bekanntlich die ersten Bewohner nicht bloß Oberschwabens, sondern ganz Südwestdeutschlands.

In den Opfern, Volksversammlungen und der Geisterwelt der alten Deutschen überhaupt, glaubt der berühmteste Forscher, Jacob Grimm, in seiner Mythologie[2]) das Hexenwesen bis auf die jüngste Zeit zu erkennen. Ebenso Jarcke,[3]) dem die Behauptung nicht zu gewagt erscheint, daß das Zauberwesen und der Zauberglauben im Mittelalter zunächst eine Tradition aus der heidnisch-germanischen Zeit, eine im Volke lebende heidnische Naturkunde und Naturreligion gewesen sei, die, um dies Moment hier sogleich beizufügen, auch ihre antichristlichen und, vom religiösen Standpunkte aus betrachtet, dämonischen Ceremonien und Sakramente hatte.

Von diesem altgermanischen Götterglauben sagt Dr. Oswald in seiner „Angelologie",[4]) daß er „allerdings unter den heidnischen Religionsformen eine sehr achtbare Stelle einnahm, wenngleich derselbe bei der Verkündigung des Christenthums schon im Rückgange war. Die germanischen Völker hingen aber sehr an ihrem alten Glauben, so daß bei Annahme der christlichen Religion nicht sofort alle heidnischen Reminiscenzen schwanden. Die christlichen Heilsboten duldeten daher manches Derartige, indem sie Sagen und Gebräuche der heidnischen Vorzeit entweder christlich umdeuteten, oder auch die nicht zu tilgenden Vorstellungen von den alten Göttern und gottähnlichen Wesen auf das Reich der Dämonen sich beziehen ließen. So lange nun, sagt Oswald weiter, ein blühendes christliches

---

1) Taschenbuch für Geschichte und Alterthum in Süddeutschland. 1846, S. 18—19. 2) S. 587. 3) Beitrag zur Geschichte der Zauberei in Hitzig's Annalen der deutschen und ausländ. Kriminalrechtspflege nach Solban, l. c. 2, 364. 4) Paderborn 1883 S. 209.

Glaubensleben jenem Residuum des Heidenthums zur Seite ging, konnte das wenig schaden. Als aber besonders seit dem 16. Jahrhundert christliche Anschauung verkümmerte, wird es begreiflich, daß der Volksglaube die nicht gänzlich erstickten Erinnerungen der Vorzeit in verzerrter Weise dämonisch umgestaltend jenem greulichen Teufelsspuk sich überantwortete. **Das nicht vollends getilgte Heidenthum recrubescirte."**

Noch weiter ausgreifend, findet Solban „das **römisch-griechische Alterthum** von universaler Bedeutung für den Aberglauben der Völker"; nur trat hier noch ein zweites hinzu, das **orientalisch-christliche.** Jenes lieferte im Wesentlichen das Material, dieses die Auffassungsweise."[1])

Dr. W. Schneider bemerkt zur Controverse zwischen Grimm und Solban, „daß aus den Ueberlieferungsströmen beider Welten Unrath in das christliche Mittelalter hineingespült worden.[2])"

Um endlich zum ersten Zauberprozeß und dem Zauberbrunnen zurückzukehren, wie Görres sagt, sei noch kurz der Ideengang Dr. Simar's skizzirt. Ihm ist, wie wir oben gesehen, „**das Hexenwesen eine Abart der Zauberei**";[3]) **Zauberei aber und Wahrsagerei sind die beiden Hauptformen des Aberglaubens.** „Das Wesen des Aberglaubens aber besteht in der vernunftwidrigen Uebertragung göttlicher Vollkommenheiten auf das Geschöpf; darum ist das „Heidenthum mit seinem Polytheismus die denkbar höchste und umfassendste Verwirklichung des Aberglaubens", „von Anfang an und bei allen Völkern der unerschöpfliche Boden tausendfältiger Spielarten abergläubischer Denk- und Handlungsweise."[4]) „Der Aberglaube ist der nämlichen Quelle entsprungen, wie der heidnische Polytheismus. Er ist eine Frucht der Sünde."[5])

Da wir im Vorausgegangenen wiederholt das theologische Gebiet gestreift haben, sollen die Theologen das Wort haben und zwar zuerst

Ein protestantischer Theologe.

„Unsere heutige Dogmatik so wenig, als unsere heutige Ethik weiß mehr etwas von den **teuflischen Versuchungen**, und die

---

1) l. c. 2, 353. 2) Der neuere Geisterglaube. Paderborn 1882 S. 43.
3) l. c. 67. 4) l. c. 27 und 28. 5) l. c. 30.

künftigen Hirten gehen in diesem, für die Seelsorge vor fast allen anderen Lehrpunkten der **Satanologie** wichtigen und in der Anwendung oft vorkommenden Erfahrungsstücke ganz ununterwiesen blank wie **die Heiden**, von der Universität — in das Amt." So sprach Prof. Dr. Aug. Vilmar († 1868) im Jahr 1855, als er sein akademisches Lehramt in Marburg antrat, indem er von dem Satze ausging: „**Es gibt einen Teufel**, so sehr auch der Rationalismus seit Semler[1]) dessen Existenz bestreitet. Dieser strenggläubige protestantische Theologe hinterließ in seinem Sammelwerke „Zur neuesten Kulturgeschichte Deutschlands"[2]) Band 3 eine eigene Abhandlung „Vom Hexenwesen", aus der wir zur Orientirung Folgendes herausheben:

„Das **Hexenwesen**, sagt Vilmar,[3]) beruht seinem Ursprunge nach keineswegs auf leeren Einbildungen, thörichten Träumen und kindischen Märchen, sondern auf wirklichen Verhältnissen und handgreiflichen Zuständen, welche wie die Versammlungstage und Versammlungsorte noch in der Gegenwart vollkommen deutlich erkennbar sind. Was die Vorfahren als Heiden offen und treuherzig gethan hatten, das erschien den christlichen Nachkommen in der Erinnerung als ein unheimliches, widergöttliches, zauberisches, zuletzt teuflisches Treiben. Dazu kam aber, daß das **nicht bloß und allein Erinnerung an vergangene Dinge**, sondern zum Theil fortbauernde Wirklichkeit war, indem immer noch Manche, wenn auch nur Einzelne, neben ihrem unvollkommenen, unverstandenen oder unwahren christlichen Bekenntniß her heimlich bei nächtlicher Weile die nächtlichen Gebräuche auf den Waldbergen und in den ehemals hl. Hainen fortsetzten. Dazu kam ferner, daß gerade diejenigen, welche diese Gebräuche fortsetzten, auch manche aus dem alten Heidenthum ererbten Naturkünste bewahrten, fortpflanzten und in Anwendung brachten, z. B. die **Kenntniß und den Gebrauch der Heil- und Giftmittel** — beides von jeher den Frauen eigen — und daß man also Weiber, welche im Besitze dieser Künste (zugleich auch im Besitze der uralten

---

[1] „Am allerwenigsten," schrieb Semler 1776 (Versuch einer bibl. Dämonologie) „dürften ehrliche und freie lutherische Lehrer die unwürdigen Lügen von Teufeln und ihrer stets fürchterlichen Gewalt mit der Ehre Gottes und der christlichen Religion ferner verbinden." Und so spricht Rostoff, Prof. der evangel. Theologie an der Universität Wien heute noch die Ansicht aus, daß der bei weitem größere Theil selbst derer, die sich schriftgläubig nennen, über die Frage nach der realen Existenz des Teufels den Kopf schüttelt. (Gesch. des Teufels. Leipz. 1869 2. Bd. S. 605.) [2] Frankfurt a. M. 1867. [3] Bd. 3, 152 ff.

Beschwörungsformeln) waren, um dieser Gefährlichkeit willen doppelt scheute. Deshalb enthalten auch die ältesten deutschen Gesetze vorzugsweise nur Strafgebote gegen die heidnischen Giftmischerinnen, nicht, wie es später der Fall war, gegen jeden Zauber und gegen jede Beschwörungsformel.

Der Kampf gegen das Hexenwesen und die Hexen ist daher kein anderer als derselbe, welcher heute noch die Welt bewegt: der Streit zwischen dem Glauben und dem Unglauben, zwischen dem Bekenntniß Christi und der Verleugnung Christi, zwischen Liebe zum Heiland und Haß gegen den Nazarener... In den wildgewordenen Zeiten des 14. und besonders des 15. Jahrhunderts erscheint der unter dem Namen und der Form der Hexerei stattfindende Abfall vom Christenthum fast mit einem Male häufiger oder wenigstens weit bemerkbarer geworden zu sein, als früher. Möglich und sogar sehr wahrscheinlich ist es, daß damals auch in dieser Beziehung eine der geistigen Seuchen geherrscht hat. Es mag ein allgemeiner krankhafter Reiz entstanden sein und lange bestanden haben, dem Christenthume sich zu widersetzen und mit einem gewissen Trotz in das alte Heidenthum zurückzukehren, so viel von dem lezteren noch vorhanden war. Gegen das Ende des 15. Jahrhunderts nahm dieser Abfall (der Hexen vor Gott) in ungewöhnlichem Maße zu ... und nahm theils an und für sich, theils in der Vorstellung der Menschen ganz bestimmte Formen an. Dahin gehört der Bund mit dem Teufel, die Hurerei mit demselben u. s. w. Vielleicht zur größeren Hälfte waren diese Bündnisse, diese Zauberkünste Einbildung, aus der zum Abfall geneigten Zeitrichtung aufgesogene Einbildung, niemals jedoch Einbildung eines Einzelnen; zur kleineren, indeß bedeutenderen Hälfte waren sie (wie die Giftmischerkünste) Wahrheit."

Also Vilmar, von dem Solban[1]) sagt, „daß sich, soviel ihm bekannt, in der evangelischen Kirche während des laufenden Jahrhunderts nur diese Eine Stimme von Bedeutung für den Glauben an die Wirklichkeit der Hexerei erhoben", und Vilmar mit seiner Erklärung des Hexenwesens eine „Apologie der Bulle Papst Innocenz VIII." geschrieben.[2]) Zum Troste aber fügt er bei: „Obwohl Vilmar seine Ansicht über den Teufel und seinen Einfluß auf den Menschen 13 Jahre vor zahlreichen Zuhörern vorgetragen, die auf seine Worte schwuren und nunmehr im Dienste der evangelischen Kirche stehen, so hat dieselbe keine

---

1) l. c. 2, 346. 2) l. c. 2, 391.

Früchte getragen, sie hat keine Hexenverfolgung zum Zwecke der Reinigung der Kirche von den Werkzeugen des Satans herbeigeführt." Diese Früchte hat Vilmar gewiß auch nicht erwartet. Was er verhüten wollte, war, daß die protestantischen Theologen, den satanischen Einfluß auf den Menschen betreffend, „blank wie die Heiden von der Universität in das Amt" eingehen.

Der blanke Rationalist.

„Der oberflächlichste Erklärungsversuch ist die sogen. rationalistische Deutung" des Hexenwesens, sagt Dr. Braun in seinem oben citirten Vortrag. Das ganze Hexenwesen ist nach dieser Deutung nichts als Lug und Trug, leerer Wahn und schlauer Betrug. Von diabolischem Einfluß kann nirgends eine Rede sein, weil es keinen Teufel gibt. Ein Vertreter dieser Ansicht ist Graf Lamberg, der 800 Prozesse durchgelesen und als Resultat seiner Studien aktenmäßige Urkunden über die Bamberger Hexenprozesse vom Jahr 1624—1630 unter dem Titel „Kriminalverfahren" ꝛc. veröffentlichte.[1] Seine Meinung geht dahin, daß alle die Unglücklichen die Ueberzeugung gehabt, Hexen gewesen zu sein, indem sie irgend ein Bösewicht zum Bösen verführt und sich ihnen gegenüber für den Teufel ausgegeben und zu diesem Zwecke mit Bocksfüßen u. s. w. ausstaffirt habe, um so seinen Betrug sicher durchzuführen und unentdeckt zu bleiben oder der Betrogenen am Ende los zu werden. Darnach erklärt Lamberg die verschiedenen Aussagen der Hexen. Sagten diese z. B. einmal aus, man habe in einer Hexenversammlung berathschlagt, wie die Feldfrüchte zu verderben seien, so meint Lamberg, es habe wahrscheinlich ein Getreidewucherer den Vorsitz geführt. Geben Hexen an, der Teufel habe ihnen Geld gegeben mit dem Auftrag, Vieh zu tödten, so meint Lamberg, diese Teufel seien gewiß Viehhändler gewesen. Nur das Fahren durch die Luft und das Reiten auf Besenstielen weiß er nicht auf seine Art zu deuten. Da es aber einmal nicht als wirklich geschehen zu glauben, so sei mit Zuversicht anzunehmen, die Betrüger, d. h. die verkappten Teufel hätten ihre Opfer durch berauschende Mittel betäubt, in größter Schnelligkeit sie sodann von einem Ort zum andern gebracht und ihnen beim Erwachen glauben gemacht, die Reise sei wirklich durch die Luft gegangen. — Diese Ansicht hat schon v. Wächter mit den Worten zurückgewiesen: „Würde

---

[1] Nürnberg, bei Riegel u. Wießner 1838?

sich ein Verbrecher für den Teufel ausgegeben haben, so wäre dies gerade für jene Zeit das gefährlichste Wagespiel gewesen, das ihm leicht den Kopf kosten konnte; die uns bekannten Urkunden geben uns keinen Fall eines solchen entdeckten Verführers und geben uns vollends nicht den geringsten Beweis dafür, daß von solchen förmliche Hexenversammlungen gehalten wurden. Und wie hätten es diese Verführer machen sollen, in einer Nacht 30—40 oder gar bis 300 Weiber zu betäuben und über alle Berge an den bestimmten Versammlungsort in aller Schnelligkeit zu bringen? Alles jenes kann höchstens da und dort einmal einen einzelnen Fall erklären. Die ganze Erscheinung selbst, daß man gerade vom Ende des 15. Jahrhunderts an so viele Hexen fand, welche die unglaublichsten und tollsten Dinge von sich gestanden, erklärt sich dadurch nicht im Geringsten."[1]

Auf das Betäuben durch berauschende Mittel hat in neuester Zeit Dr. A. Koch abermals hingewiesen, wie nach Lamberg Prof. Enemoser "das Fahren durch die Luft" erklärte. "Das Opium, sagt Enemoser,[2] erzeugt Visionen von paradiesischen Freuden und Gegenden, sowie es und andere Narcotica das Gefühl des Fliegens und des Sicherhebens in die Luft verursachen. Solche Narcotica wurden den Salben beigemischt, wornach Hexen im Fluge oder auf einem Besenstiel oder einem Bock reitend dem Blocksberg zueilten." In ähnlicher Weise schildert Dr. Koch[3] die Wirkung der oben genannten betäubenden Mittel (Bilsenkraut, Stechapfel, Nachtschatten). Durch sie haben sich die sogen. Hexen in einen "Zustand der Berauschung" versetzt. "Der aus der Berauschung Erwachte glaubt mit Dämonen Umgang gehabt zu haben"; so "glaubten die bedauernswerthen Frauenspersonen, die sich sogar selbst ohne Noth vor Gericht als Hexen angaben und so dem schrecklichen Tod überlieferten, eben einfach an die Wahrheit und Wirklichkeit ihrer Traumgesichte."

Weit entfernt, mit dem Schlagwort "Rationalismus" derartigen Deutungsversuchen ihre Berechtigung und allen Werth abzusprechen, werden gleichwohl diese giftigen Kräuter für sich allein, oder gar in erster Linie das Hexenwesen in seinem ganzen Umfange nicht erklären.

---

[1] cfr. Haas l. c. 29, der übrigens fälschlich Lambert schreibt. [2] Geschichte der Magie, 1844. [3] Beilage des württ. Staats-Anz. Nro. 27, 1882.

Ein alter Magier.

Das Maleficium, dessen die Hexen bezichtigt wurden, und ihr Bekenntniß, daß sie mit dem Teufel im Bunde gestanden, durch seine Vermittlung ihre Schädigungen angerichtet haben, heißt die „schwarze Magie", Schwarzkunst. Im Gegentheile zu ihr steht die „weiße Magie." Diese weiße Magie, deren hochberühmte Männer, wie der sel. Albertus der Große von Lauingen verdächtigt wurden, beschäftigte sich mit der Erforschung der „magischen Kraft" (magia naturalis) im Menschengeiste selbst und in der Natur, um diese sich unterthänig zu machen.[1]) Blieben bei diesen Studien auch die bösen Geister ausgeschlossen, so wurde doch mehr oder weniger eine Verbindung mit den die Naturkräfte repräsentirenden Erbgeistern und den Seelen der Abgestorbenen erstrebt, um durch sie die geheimen Kräfte der Natur zu erforschen und zu beherrschen.

Wie weit es ein s. Z. hochangesehener Mann in der weißen Magie gebracht haben will, sagt er uns selber. Wir meinen den Abt Johannes Trithemius von Spanheim († 1516), den berühmten Verfasser des Chronicon Hirsaugiense. Er bekennt sich offen als Magier,[2]) wenn er seiner Kunst, die er merkwürdiger Weise „Weltsprache" nennt, sich also rühmt: „Ich kann den Kunstverständigen in einer Entfernung von hundert und mehr Meilen meine Gedanken ohne Worte, ohne Schrift und ohne Zeichen durch jeden beliebigen Boten bekannt machen. Dieser kann selbst nichts verrathen, weil er nicht das Mindeste davon weiß. Ich bedarf, wenn ich will, nicht einmal eines Boten. Säße der, welcher das Geheimniß der Magie kennt, in einem meilentiefen Kerker unter der Erde: ich wollte ihm doch meine Gedanken mittheilen, so deutlich, vollständig und oft, als es verlangt wird, und zwar auf ganz natürliche Weise, ohne Beihilfe von Geistern."[3])

Eben damit unterscheidet Trithemius seine Kunst streng von der

---

1) Eine präcise Definition gibt Gury (Compend. theol. moral. 1868, p. 120) in den Worten: „Magia naturalis vel artificialis, quae magia alba vocatur, est ars mira faciendi, saltem apparenter, per causas naturales aut hominis industriam absque ullo daemonis ministerio." 2) Den sel. Albertus nennt er „Magnus in magia naturali" und erzählt dessen große magische Leistung beim Besuche des Kaisers Wilhelm von Holland, wo Albertus an Epiphanie 1254 den Klostergarten in Köln mitten im strengsten Winter in die blühendste und üppigste Frühlings- und Sommerlandschaft verwandelte. Chron. Hirs. I, 593. 3) cfr. dessen Steganographia, Darmst. et Francof. 1621.

Hexerei, der er in seiner 4 Bücher umfassenden Schrift „Gegner der Zaubereien" (Antipalus maleficiorum) mit Feuer und Schwert entgegentritt.

Nicht so sein bekanntester Schüler Aureolus Paracelsus Theophrastus Bombastus von Hohenheim (1493—1541).

Dieser belehrt nämlich seine Schüler also: „Euch ist bekannt, daß man sagt, die Hexe hat den Hagel gemacht, den Donner, den Strahl, das Wetter und dergl., wie es denn mannigfaltig geschieht. Nun aber von wannen das kommt, das staunten viel an. Weit sei es vom Arzt, daß Zauberei sei, wie es verstanden wird. Laß es Zauberei sein, am Namen liegt's nicht; das sag aber, daß es natürlich sei und nicht unnatürlich, sag nicht, daß es der Teufel thue, sag, daß der Mensch thue... Es ist möglich, daß mein Geist ohne des Leibes Hilfe durch inbrünstiges Wort allein und ohne Schwert einen andern steche oder verwunde. Also ist's auch möglich, daß ich den Geist meines Widersachers bringe in ein Bild und ihn dann krümme, lähme nach meinem Gefallen. Ihr sollt wissen, daß die Wirkung des Willens ein großer Punkt ist in der Arznei. Man kann damit durch Fluchen Böses verhängen über Menschen und Vieh zu Krankheiten, was aber nicht geschieht durch Kraft der Charaktere, durch Jungfernwachs und dergl., sondern die Imagination ist allein das Mittel, zu vollenden seinen Willen. Die strenge Imagination eines andern wider mich mag mich tödten. Die Magika ist eine große, verborgene Weisheit, so die Vernunft eine öffentliche große Thorheit ist."[1])

Wir nehmen von dieser Erklärung des Hexenwesens blos deswegen Notiz, weil nach ihr die Hexen immerhin als Verbrecher schwerster Strafe sich schuldig gemacht hätten, — und danken Gott, daß die „Kunstverständigen" und Schüler des Trithemius ausgestorben sind.

„Weit sei es vom Arzt, daß Zauberei sei, wie es verstanden wird!"

Der praktische Arzt und ein spezieller Fall.

Es ist zwar lange, bereits 25 Jahre her, seitdem der unermüdliche Forscher in den Archiven Schwabens, Dr. Buck, Oberamtsarzt in Ehingen, wie wir gehört, Aktenauszüge von 3 Hexenprozessen gefertigt, die sich in den Jahren 1665 und 1672 zu Königseggwald und Hoßkirch, O./A. Saulgau, abspielten. Er versah dieselben zu-

---

1) cfr. Ennemoser, Gesch. der Magie S. 901.

zugleich mit „Anmerkungen", die sowohl vom psychologischen als pathologischen Standpunkte aus besondere Beachtung verdienen. Ob Dr. Buck diese Anmerkungen heute noch in allweg vertritt, weiß ich nicht; da sie jedoch erst voriges Jahr publicirt wurden, geben wir einen Auszug.

Ein längerer Passus findet sich als Note 41 zu dem Prozesse gegen Katharina Bosch von Walb, auf ihr Geständniß, daß sie vom Teufel „das letztemal beim Tanz beschlafen" worden, in folgenden Worten:

„Man kann bei der Beurtheilung der Hexenprozesse überhaupt nicht oft genug darauf hinweisen, die Erklärung vieler Angaben nicht in den mystischen Büchern unpraktischer Theologen oder Philosophen zu holen, sondern in dem so nahe liegenden leibhaftigen Alltagsleben. Meinungen, Lebensanschauungen, Bräuche und dergleichen mehr erhalten sich im Volke mit einer so bewunderungswürdigen Zähigkeit, daß wir für unsere epikritischen Momente nicht erst in gelarten Citaten Nutzen zu holen brauchen, obwohl wir das in hinlänglicher Menge könnten, sondern nur aus dem Naheliegenden, aus dem Leben das Richtige mit beiden Händen herauszunehmen haben. Außerdem muß man nicht vergessen, wie tief sich die abgeschmacktesten Meinungen in den Menschenschädel hineinfressen können und wie ein Heroismus in malam partem entstehen kann, der gar Niemand anders zum Vater hat, als den Aberglauben. Wir sehen, daß damals jedermann am andern all' das, was angegeben worden, für möglich gehalten hat, nur an sich selber nicht. Wir sehen, daß der, welcher angegeben worden, die Beschuldigungen seiner Angeber mit Entsetzen vernimmt, daß er in wahrhaftigem Gefühl der Unschuld seine Unschuld selbst und heilig betheuert, aber man glaubt ihm nicht, wie er andern nicht geglaubt hat, es gibt für ihn keine Verständlichmachung mehr, keine Möglichkeit des Beweises vom Gegentheil, denn alle Welt zeugt wider ihn. Muß einen solchen Menschen, in solchem Elend, die Welt nicht wie ein Feld voller Teufel angrinsen, muß er sich nicht mitten in ein diabolisches Wahnleben hineingebannt glauben, aus dem ihn nur wieder nichts anderes als Schein, als Trug, als etwas Dämonisches rettet? Da verwirren sich seine Sinne in einem Zustand, der dem Hängen zwischen Himmel und Erde gleicht, denn die Seinigen, die er gezeugt, groß gezogen mit unendlicher Mühe und Liebe, sind ihm auf einmal fremd geworden, ja seine Verräther, seine Henkershenker, und die göttliche Gerechtigkeit und Barmherzigkeit erschien ihm nicht minder etwas längst Verschollenes. So gab es nur Einen Erlöser aus diesem greulichen Wirrsal — den Tod! und diesen vermochte er nur durch die Lüge hindurch zu umarmen, durch eine Lüge, in die er seine Erinnerungskraft versenkte, bis sie mit seinem Wissen und Dafürhalten in Eins verschmolz und er nun sich schuldig zu bekennen vermochte, ohne daß jemals wieder das Bewußtsein seiner Unschuld aufzutauchen wagte."

So weit Dr. Buck vom psychologischen Standpunkte aus. Daß übrigens „das Bewußtsein seiner Unschuld" oft und immer wieder auftauchte, beurkunden recht viele Akten.

Der spezielle Fall liegt so: Katharina Zollerin klagt gegen die schon genannte Katharina Bosch, diese sei „in der Nacht um 11 Uhr über das Bett (zu ihr) gekommen, habe sie lange gedruckt, daß sie nicht mehr reden können, habe kein Wort geredet, sondern wieder zur Thür hinausgangen, wo sie auch herein. Darauf sie Zollerin durch einen offenen Laden (das sie aus dem Bett, weil sie nicht aufstehen können, gesehen) bei des Schneiders ihres Nachbars Haus bei völligem Mondschein mit einem Strohwisch in der Hand hab herumgehen sehen, als ob sie das Haus anzünden wollen." Hiezu macht Dr. Buck die Bemerkung: „Wir haben es hier offenbar mit jenem pathologischen Ereignisse zu thun, das der Volksglaube zum Alp oder Schrättelesdrucken gemacht hat. Die Drud ist in Oberschwaben unbekannt, erst wo es anfängt bayerisch oder alemannisch zu werden, spukt die Drud. In Wirklichkeit gehört diese Erscheinung in die Kategorie der Schlafhallucinationen, deren Characteristicum ist, daß der Leidende felsenfest glaubt, er wache und in diesem Zustande habe er durchgemacht, was er vom Traum erzählt." Da es zum Sprichwort geworden: „Hexen weinen nicht", so galt es als Zeichen der Schuld, wenn die Gefolterte keine Thränen vergoß, auch die Bosch hat „nit einen Tropfen vergossen" — also war sie eine Hexe, worauf jedoch Buck in Uebereinstimmung mit seinen Collegen bemerkt: „Wer den Menschen nur einmal in großem Seelenschmerz gesehen hat, weiß, daß ihm alles gleichgiltig ist, was man mit ihm anfängt und daß er auch nicht mehr weinen kann." Wenn als weiterer Verdachtsgrund (pro certo sed malo omine), wie im Protokoll bemerkt ist, gegolten, daß die Bosch „auf dem Bank, worunter wir das ordinari Heiligthum geheftet, hat anfangs gar nit still sitzen können", so braucht man nach Buck „nur einmal ein altes Weib im Verhör gesehen zu haben und man ist vollständig belehrt, wie sich da ein Weib benimmt, wie es beständig aufsteht, wenn man es immer wieder sitzen heißt. Das alte Weib kann gar nicht sprechen oder sich erklären, ohne daß es aufstehen und gestikuliren darf, das weiß jeder Arzt, der viel mit alten Bäuerinnen verkehrt."

Dr. Scheeben,[1]) dem es „nicht minder dogmatisch, als aus zahlreichen, hinreichend verbürgten Thatsachen historisch gewiß ist, daß es eigentliche Wahrsager und Zauberer oder Hexen geben kann und gegeben hat", ergänzt doch sein Urtheil mit Recht durch den Beisatz, daß „in concreto bei Feststellung des Faktums" die größte Vorsicht anzuwenden sei.

Hier hat darum der Arzt, zumal der, welcher auf gläubigem Boden steht, ein großes Wort mitzusprechen. — Wir geben mit Dr. Wilhelm Schneider zu, daß in der eigentlichen Hexenperiode „Physiologie, Psychophysik und Psychiatrik unbekannte Wissenschaften waren, die Nervenkrankheiten: Epilepsie, Starrkrampf, Hysterie, Veitstanz unerforscht, daß der Begriff der Hallucination noch nicht dämmerte. Darum mag es möglich sein, daß die Hexenrichter, wenn sie mit der Wissenschaft unserer modernen Physiologen und Psychiatriker bewaffnet gewesen wären, überall Hysterie, Hypnose, durch künstliche Mittel herbeigeführte Delirien oder maniakalische Zustände, aber vielleicht nirgends eine wirkliche Hexe entdeckt hätten. Es mag sein, ausgemacht aber ist nicht, daß überhaupt keine dämonische Beeinflußung stattgefunden, und die entgegenstehenden Bedenken sind nicht ohne weiteres von der Hand zu weisen.[2])

Juristen.

Für den ganzen Charakter der Hexenprozesse war, wie wir schon oben gehört haben, von besonders entscheidender Bedeutung, daß nach dem Malleus und der später allgemeinen Praxis an die Stelle des Accusationsprozesses die Denunziation mit dem Inquisitionsprozesse trat, der Richter also auf bloße Denunziation vorzuschreiten befugt war. Dazu kam, daß die Hexerei als crimen exceptum, d. h. als außerordentliches Verbrechen erklärt und darum der Richter auch mit außerordentlichen Vollmachten versehen wurde, um den Verbrecher zum Geständniß zu bringen. Welche Rolle hiebei die Folter, die seit dem 16. Jahrhundert durch die Reichsgesetzgebung, die peinliche Gerichtsbarkeit Karls V. bestätigt ward, zur Erpressung der Geständnisse spielte, haben wir bereits gesehen. Schon Spee nannte

---

1) Handbuch der kathol. Dogmatik. 1878. Bd. 2, S. 680. 2) l. c. 52.

sie das „Alpha und Omega des Prozeßverfahrens", den „Hauptnerv aller Beweisführung."

Der schon genannte berühmteste protestantische Jurist des 17. Jahrhunderts, Carpzov, war der Hauptvertheidiger des Inquisitionsprozesses, wie er auch durch die Folter die ergiebigsten Resultate zu erzielen suchte, so daß ihm gegenüber alle Mahnungen, Bitten und Beschwörungen Spee's vergebens gewesen. Unter den 20,000 Todesurtheilen, die er unterzeichnet haben soll, waren auch die von mehr als 100 Hexen, welche er auf den Scheiterhaufen brachte. Carpzov war für die Masse der Juristen seiner Zeit das Orakel, dem sie blindlings folgten und auf dessen Autorität hin sie die **entsetzlichsten Torturen** verhängten.[1]

Nach der neuesten Zusammenstellung der „strafrechtlichen Consilia Tübingensia" von Prof. Dr. Seeger sollen die **Tübinger Juristen** eine ausnahmsweise Unabhängigkeit gegenüber den prozessualischen Mißbräuchen gezeigt und bewahrt haben. Aus einem Bündel Hexenprozesse aus den Jahren 1609—1616, welche auf der Registratur der Stadt Sindelfingen bewahrt sind, ersehen wir aber, daß auch „Decanus und Doctores der Juristenfakultät hoher Schul' zu Tübingen" auf die **jämmerlichsten Indizien** hin die Tortur erkannten (um ein premium operae von 6 Reichsthalern).[2]

Aus diesen Thatsachen zog der berühmteste Jurist unserer Zeit, v. Wächter, in seinen „Beiträgen zur deutschen Geschichte" die Folgerung: „**Wir würden in unserer Zeit noch ebensoviele Hexen finden und verbrennen können, wenn man dasselbe Mittel, sie zu finden, bei uns anwenden wollte.** Das Mittel war einfach, sicher und schnell zum Ziele führend. Es war die unsinnigste Ausgeburt menschlicher Verirrung die Folter . . .

Ohne die Folter hätte man vergebens nach vielen Hexen gesucht, und gerade der Mangel der Folter, überhaupt das **völlig andere Beweissystem und prozessualische Verfahren** erklärt es allein, wie in der früheren Zeit bis zum 15. Jahrhundert nur wenige Hexen verurtheilt wurden, obgleich in jenen Zeiten der Hexenglaube nicht minder fest war."[3] Schließen wir hier Dr. Osterdinger's Urtheil noch einmal an: „Wenn die Juristen mehr an den Teufel glauben würden und dieselben noch die Tortur zu Hilfe nehmen

---

1) cfr. Soldan l. c. 2, 209 ff. 2) cfr. auch die Consilia Michaelis Grassi in den Cons. Juridicorum Tübing. Tom. V. p. 705. ed. 1733. 3) l. c. 96.

bürften, hätten wir Hexenprozeſſe in Menge." Ein crimen exceptum, ein außerordentliches Verbrechen, ja ein crimen atrocissimum, das gräßlichſte, greulichſte, abſcheulichſte Verbrechen war allen Richtern, die im 16. und 17. Jahrhundert die Hexenprozeſſe führten, die Hexerei, in der ſich Ketzerei, Apoſtaſie, Sacrilegium, Blasphemie und Sodomie vereinigten.

Aber auch ganz abgeſehen von dieſem Grundcharakter der vollen Hexerei, findet ein zweiter berühmter Juriſt unſerer Tage, Dr. Roßhirt, daß das Hexenweſen des 16. und 17. Jahrhunderts eigener Art geweſen und „jede Hexerei mit Buhlerei verbunden", wobei „der Teufel helfen" mußte. „Dieſe eigene Art von Hexenweſen war zur Zeit der Carolina noch keineswegs in Blüthe; aber im Laufe der Zeit war es der Umgang mit dem buhlenden Teufel, welcher die Köpfe beider Geſchlechter einnahm und als Abfall von Gott ſich darſtellte."[1]

Dieſen Gedanken hat in neueſter Zeit mit den ſchärfſten Worten Felix Freiherr v. Roeder ausgeſprochen, greift aber noch in das 15. Jahrhundert zurück. Derſelbe publicirt im 15. Bande des Freiburger Diöceſan-Archivs,[2] wie wir bereits zur Einleitung bemerkt haben, „Verhöre und Verurtheilung in einem Hexenprozeſſe zu Triersperg im Jahr 1486", die er mit einer „Nachſchrift" abſchließt. „Der Mangel, ſagt hier v. Roeder, einer Sicherheitspolizei, wie die neuere Zeit ſolche beſitzt, bei der Menge ſelbſtändiger kleiner Herrſchaften, ließ im 15. Jahrhundert eine Unzahl zweifelhafter Leute aufkommen, welche unter dem Namen von Wallfahrern, Krämern, Keßlern, Spenglern u. dgl. das Land durchſtrichen, meiſtens aber abgefeimte Strolche und Gaunerinnen waren und das Element bildeten, worin das Hexenweſen emporwucherte. Es gab verkommene Weibsbilder, welche ſich ſelber für wirkliche Hexen hielten oder ſich gefliſſentlich für ſolche ausgaben, um gefürchtet zu ſein und im Schatten dieſer Gefürchtetheit ein boppelt unſauberes, ſündhaftes und verbrecheriſches Leben mit ihren Teufeln fortführten. Wer dieſe Teufel waren, iſt leicht zu errathen, wenn man geleſen hat, welcher Ueberredungskünſte, Verſprechungen und Salbereien ſich dieſelben bedienten, um die armen Frauen und Töchter in ihr Garn zu locken." — Erinnern wir uns, um hier Roeder zu unterbrechen, was Wächter geſagt, wie ge-

---

[1] Geſchichte und Syſtem des deutſchen Strafrechts 3, 150 ff. [2] Herder, 1882 S. 95 ff.

fährlich es — zumal kurz nach Erscheinen des „Hexenhammers" — gewesen, die Rolle des Teufels zu spielen, und wie die Urkunden, auch die v. Roeber'schen, keinen derartigen Fall wirklich konstatiren. Ohne wesentlich andere Momente würden die genannten „zweifelhaften Leute", die das 16. Jahrhundert aus dem 15. bekommen, und die sich im 17. erst recht vermehrt hatten, so wenig Hexerei gespielt haben, als die noch zweifelhafteren Leute unserer Tage.

Doch v. Roeber limitirt seine bisher so scharf vorgetragene Betrugstheorie selber, wenn er weiter bemerkt: „Es bildeten sich geheime Gesellschaften dieser Ketzerei, deren Mitglieder dem l. Gott und seiner Mutter abschwören mußten; sie waren dem bösen Geiste verfallen, wo Eigennutz, Gewinn und Rachsucht ihre Opfer verfolgten und die künstlich gesteigerte Geschlechtsgier im Schlamme schrankenloser Wollust (in wirklichen oder erträumten Orgien) ihre Befriedigung suchte." „Sie waren den bösen Geistern verfallen" — aber bis zu welchem Grade? Nur als schwere Sünder, Lastermenschen und Verbrecher oder aber als eigentliche Hexen, die sich dem Satan zu eigen gegeben, mit ihm einen wirklichen Bund geschlossen, durch ihn ihre Maleficien ausübten? Das sind die großen Fragen! Weiter sagt Roeber: „Manche Weiber und Mädchen verloren in dem Taumel, welchen ihnen ihre Teufel bereiteten, nicht weniger in den Qualen der Tortur den Verstand und sagten die unsinnigsten Dinge aus oder legten die verrücktesten Geständnisse ab, während andere, denen ihr Sinn geblieben, unter der Folter ein Ja des Schmerzes ausstießen, welches der Protokollist in die wörtliche Beantwortung der ihnen vorgelesenen Fragen verwandelte. Das Hexenwesen war ein krankhafter, giftiger Auswuchs der Gesellschaft, wodurch sich solche physisch und moralisch im höchsten Grade gefährdet sah. Daher die gewaltige Aufregung an Furcht und Haß, welche dasselbe in den Bevölkerungen hervorriefen und daher die leidenschaftliche Begierde, es auszurotten durch all' die grausamen Torturen und Scheiterhaufen. — Man erwäge diese traurigen Umstände neben der leidigen Erscheinung, daß es zu allen Zeiten männliche und weibliche Wesen von durchaus boshafter, verworfener Natur gegeben, welche am Schaden ihres Mitmenschen den liebsten Genuß empfunden, auf Kosten des Eigenthums, der Ruhe und der Lebensfreude Anderer ihr Dasein gefristet und endlich gar, in den Zaubermantel der Hexerei gehüllt, ihr verderbliches

Unwesen mit steigender Verwegenheit getrieben. Wer das mit Ge=
schichts= und Menschenkenntniß umsichtig erwägt, der dürfte den Fluch
des Hexenwahns wohl eher in den Seelen jener Unseligen finden, welche
aus seelischer Verkehrtheit sich selber als Hexen bekannten und Andere
aus Neid und Schadenfreude oder aus Haß und Rache als solche be=
nunzirten. Dergestalt arbeiteten sich schwache, abergläubische, sündhafte,
verkommene und verruchte Menschen gegenseitig in die Hände, um die
Gräuel des Hexenwesens über sich und die Gesellschaft zu bringen.
Das entsetzliche Uebel in seiner inneren und äußeren Verkettung mit
dem damaligen Leben und Zeitgeiste erschien als unheilbar; dasselbe
mußte ausgerottet werden mit Stumpf und Stiel, und hiezu dienten
die Folter und der Scheiterhaufen." „„Die Gesellschaft hatte
es erzeugt und sollte es auch büßen.""

Wir haben hier wohl den weitausgehendsten Versuch, heute noch
Folter und Scheiterhaufen mit dem Hexenwesen des 16. und 17. Jahr=
hunderts in Einklang zu bringen. Wenn wir nur durch Spee und
auch die spätern Akten nicht gar zu viele, augenscheinlich Unschuldige
auf Folter und Scheiterhaufen sehen würden! Nach unsern Studien
bleiben wir dabei, daß Spee's Grundsätze die auch für jene Zeiten
richtigen waren, eben weil nach ihnen die Unschuld gerettet worden
wäre.

Görres glaubte für das richterliche Verfahren bei den Hexen=
prozessen so wenig einstehen zu können, daß er dasselbe mit dem Hexen=
wesen selbst zusammenwirkt und sagt: „Der Hexenepidemie
entgegen hatte sich eine andere in der gericht=
lichen Praxis eingeschlichen, die alle Urtheile in=
fizirt; und man weiß nicht, welche von beiden
Seuchen das landverberblichste Uebel gewesen."[1]

Soldan und die Hexenbulle Innocenz VIII.

„Gegen das Ende des 15. Jahrhunderts nahm der Abfall von
Gott in ungwöhnlicher Masse zu und nahm theils an und für sich,
theils in der Vorstellung der Menschen ganz bestimmte Formen an.
Dahin gehörte der Bund mit dem Teufel, die Hurerei mit demselben
u. s. w." So sprach sich, wie wir oben gesehen, der protestantische
Professor Dr. Vilmar in Marburg aus, den Soldan um deßwillen
einen Apologeten der Bulle Innocenz VIII. nennt. Und in der That

---

[1] l. c. 4, 636.

weist die viel genannte Bulle „Summis desiderantes" vom 5. Dezember 1484¹) gleich zum Anfange darauf hin, daß Innocenz zu seiner größten Betrübniß habe hören müssen, „daß jüngst in einigen Theilen Oberdeutschlands, wie auch in der Salzburger, Mainzer, Kölner, Trierer Kirchenprovinz **viele Personen beiderlei Geschlechts ihres Heiles uneingedenk vom Glauben abgefallen, mit dem Teufel gottlose Bündnisse eingegangen, Menschen und Vieh verschiedenes Unheil zugefügt, auch sonst argen Schaden angerichtet hätten.**" Die Quintessenz der Bulle faßt Soldan in die drei Sätze zusammen: 1) „Es gibt eine Hexerei, welche eine mit Hilfe des Teufels bewirkte Zauberei zum Zwecke vielfacher entsetzlicher Schädigung der Menschen ist"; 2) „diese Hexerei beruht auf einem mit dem Teufel abgeschlossenen Bund", und 3) „dieser Bund beruht auf Abfall vom christlichen Glauben." Diese Bulle Papst Innocenz VIII., sagt Soldan²) weiter, „gehört unbestritten **nach dem vatikanischen Concil** zu den infallibilen Kundgebungen des Papstthums, in denen dasselbe ex cathedra zur Kirche geredet hat." Also enthalten die genannten drei Lehrsätze ein „eigentliches Dogma der römisch-katholischen Kirche" und „somit ist das Wort des Hexenhammers, daß die Leugnung der Hexerei — Ketzerei sei, in der katholischen Kirche zur vollen Geltung gekommen."³)

Welches Unheil hat diese Bulle vor 300 Jahren angerichtet? Es hat nicht an Stimmen gefehlt, welche die Bulle des Papstes Innocenz als **Quelle des ganzen Hexenprozesses** erklärt haben.⁴) Soldan stimmt nicht bei und kann es nicht, da er eine Reihe bereits vorausgegangener Hexenprozesse beleuchtet hat. Gleichwohl erhebt Soldan in den folgenden Worten die denkbar **schwersten Anklagen gegen das Papstthum**: „Das Evangelium überraschte die Welt mit der frohen Botschaft, daß die Gewalt des Teufels und der Dämonen gebrochen, daß der Christ durch Gott gegen alle Anläufe der Bösen ein für allemal verwahrt sei, und daß nicht dieser den Teufel und dessen Dämonen, sondern umgekehrt der Teufel den Christ zu fürchten habe. Zum ersten Mal war der seit Jahrtausenden auf dem Menschengeschlechte lastende Fluch des Dämonismus gebrochen. Die

---

1) Sie findet sich im Bullarium rom. zum Jahr 1484, sowie im Hexenhammer.
2) resp. sein Schwiegersohn Dr. Heppe, der Soldan's Werk neu bearbeitete.
3) l. c. 2, 346.   4) Dieß geschah zuerst in Schwager's „Versuch einer Geschichte der Hexenprozesse" 1784 I, 39.

Kirche hatte diesen Trost des Evangeliums auch bis über den Anfang des zweiten Jahrtausends hinaus festgehalten, indem in ihr unbeanstandet gelehrt wurde, daß alles Hexenwerk nur Satans Blendwerk, und daß der Glauben an die Wirklichkeit desselben Sünde sei. Da nahte die Zeit heran, wo nach Gottes Rathschluß die Kirche nach dem Evangelium erneuert und der Grund zur Befreiung derselben von der Gewalt des Papstthums gelegt werden sollte. Indeß noch ehe diese Wende der Zeiten eintrat, fast in der lezten Stunde, erhob sich das Papstthum — als wollte es vor dem Beginne des Zusammenbruchs seiner Weltherrschaft noch den lezten, den schrecklichsten Fluch über die abendländische Christenheit sprechen, indem es den bis dahin — im Großen und Ganzen — kirchlich verpönten Glauben an die Hexerei zum Dogma erhob und dadurch den Fluch des heidnischen Dämonismus über die Völker des Abendlandes brachte. Das Elend, von welchem die Welt durch den Sohn Gottes erlöst worden war, wurde durch das Papstthum von Neuem über die Welt gebracht. Die abendländischen Christen erzitterten seitdem vor dem geheimen und verborgenen Treiben des Teufels, der Dämonen, der Zauberer und Hexen in derselben bodenlosen Furcht, die von Anbeginn der Weltgeschichte an das charakteristische Merkmal alles heidnischen Wesens, Denkens und Lebens gewesen war.[1]

Da wir in dem folgenden Abschnitte eigens auf die Macht und Gewalt der bösen Geister nach dem Sinne der katholischen Kirche zu sprechen kommen, genügt es hier, der Anklage Solban's die Spitze zu brechen. Sie gipfelt, wie wir gehört, in der wiederholt ausgesprochenen Behauptung, daß die Bulle Innocenz „unbestritten zu den infallibelen Kundgebungen des Papstthums gehört, in denen dasselbe ex cathedra zur Kirche geredet hat."

Hierauf erwiderte bereits Dr. Roby:[2] „Referent schmeichelt sich, ein gläubiger Katholik und treuer Anhänger des infallibelen Papstes zu sein, ohne jedoch Alles zu glauben, was im Hexenhammer steht"; was die Bulle aber selber betrifft, ist wohl zu beachten, „daß es der Bullen sehr viele gibt, welche Gegenstände des Glaubens und der Sitten behandeln, ohne daß dadurch ein Dogma definirt wird. Denn dazu gehört mehr, als die Materie der geoffenbarten Lehre. Es muß vor Allem der Wille eclatant vorliegen, eine dogmatische Entscheidung

---

[1] l. c. 1, 288 und 289. [2] l. c. 9. Heft S. 431.

geben zu wollen, welche die ganze Kirche bindet." „Verordnungen erläßt jeder Monarch, aber deßhalb sind das noch keine Gesetzesparagraphen."

Noch schlagender spricht sich Janssen in seiner Broschüre „Zweites Wort an meine Kritiker" über den Werth der pästlichen Rundschreiben ꝛc. also aus: „Weder jedes Rundschreiben des Papstes, noch jede Anrede im Consistorium der Kardinäle, noch jede Bulle, noch jedes amtliche Dekret des Papstes ist an sich schon eine locutio ex cathedra oder eine unfehlbare Lehrentscheidung, sondern es muß aus bestimmten, deutlich erkennbaren Formen, aus dem Gegenstand und aus dem Zweck der Entscheidung erst feststehen, daß der Papst von seiner höchsten Lehrautorität in Glaubenssachen Gebrauch machen und die ganze Kirche zum Glauben an die von ihm vorgestellten Glaubenssätze verpflichten will." „Selbst in einer dogmatischen Bulle, d. h. in einem Schreiben, welches eine unfehlbare Lehrentscheidung des Papstes enthält, hat nur diese selbst den Charakter der Unfehlbarkeit, keineswegs aber besitzen die dazu gegebenen Erläuterungen, noch die anderweitigen Ausführungen und Urtheile, welche nicht wesentlich mit ihr zusammenhängen, einen solchen Charakter."[1]

In der That enthält die genannte Bulle des Papstes Innocenz VIII. vom 5. Dezember 1484 „Summis desiderantes" „keine unfehlbare Lehrentscheidung, ist überhaupt keine „dogmatische Bulle", sondern hat keinen andern Zweck, als die für die damalige Zeit so dringend nothwendige Autorität der geistlichen Inquisitionen zu wahren und das Verfahren gegen die Häretiker zu regeln", wie Baumgarten[2] sagt.

Auch Oswald spricht sich dahin aus, daß es sich für Innocenz nur darum handelte, den „schon damals bestehenden Hexenprozeß juridisch zu ordnen", so daß „die einschlägigen Erklärungen dieser Bulle nicht als zum Glauben verpflichtende Kathedralentscheidungen des hl. Stuhles, sondern einfach als Maßnahmen des kirchlichen Regimentes, welche auf Grund eingelaufener Berichte emanirten, zu betrachten" sind. In der Anmerkung hiezu sagt Oswald, daß er „in dieser Auffassung durchaus nicht allein bastehe."[3]

Er wird dabei auch an Görres gedacht haben, der also schreibt: „Jene Bulle von Innocenz wollte nur die für die Rheingegenden, wo das Uebel neuerdings sich ausgebreitet, aufgestellte Behörde in ihrem Wirkungskreise gegen die Einsprache schützen, und bestätigte ihr Recht,

---

1) l. c. Freib. 1883 S. 139. 2) l. c. S. 125. 3) l. c. 205.

bessernd, verhastend und strafend einzuwirken; ihnen (den Inquisitoren) dabei gestattend, gerade um den ersten Theil dieses Amtes auszuüben, in allen Pfarrkirchen ihres Gebietes das Wort Gottes vorzulegen, so oft es dessen bedurfte, und alles Zweckdienliche zum Unterrichte des= selben nach ihrem Gutdünken vorzukehren. Was auch sie in Schwäche, durch zu viel und zu wenig, und im Irrthume gesündigt haben mögen, die Berechtigung dazu lag wenigstens nicht in dem Mandate, das sie erhalten."¹)

Soviel über die angebliche Dogmatisirung des Hexenglaubens durch den infallibelen Papst.

„Das Elend, sagt Solban weiter, von welchem die Welt durch den Sohn Gottes erlöst worden war, wurde durch das Papstthum von Neuem über die Welt gebracht, eben als die Zeit heran= nahte, wo nach Gottes Rathschluß die Kirche nach dem Evangelium erneuert werden sollte." Sehen wir, wie die „nach dem Evangelium erneuerte" Kirche in Sachen der Hexerei dasteht.

Nach be Maistre ist „wegen des Hexenwesens entweder das ganze Menschengeschlecht oder Niemand anzuklagen."²) — Oswald in seiner Angelologie sagt: „Nos omnes erravimus muß beider= seits bekannt werden."³) — Auch Dr. Fehr schließt seine Schrift „Der Aberglaube und die katholische Kirche des Mittelalters"⁴) mit den Worten: „Leider sind dies (die Hexenprozesse) Ereignisse, die wir gegenseitig, Katholiken und Protestanten, aufrichtig zu beklagen haben", fügt aber bei, „obwohl der Katholicismus wenigstens den Trost für sich hat, daß sich begabte Männer aus seinem Schooße zuerst gegen die Unvernunft und die Unmenschlichkeit der Hexenprozesse er= hoben haben."

„Es gereicht dem katholischen Deutschland zur Ehre, sagt selbst der Protestant Schroekh, daß in demselben schon in früheren Zeiten des 17. Jahrhunderts, lange vorher, ehe noch die Protestanten auf die Reformation dieses Aberglaubens bedacht waren, ein muthiger Wahr= heitsfreund gegen benselben auftrat."⁵)

Freilich hätte man glauben sollen, der Mann, der sich zuerst gegen die Hexenprozesse erheben mußte, wäre Dr. Martin Luther gewesen.

---

1) l. c. 4, 651. 2) Lettres sur l'inquis. espag. Lettr. II. pag. 53. 3) l. c. 208. 4) Stuttg. 1857. 5) cfr. Hettinger, Apologie des Christenthums. 2. Bd., 3. Abth., S. 231.

Aber Luther stand bekanntlich ganz unter dem Banne des Hexenwahns. „Die Leichtgläubigkeit, welche Luther in allen mit dem Hexen= wesen in Verbindung stehenden Dingen an den Tag legte, war selbst für sein Zeitalter erstaunlich, und so oft er über Hexerei redete, war seine Sprache emphatisch und rücksichtslos." „„Ich will kein Mitleid mit diesen Hexen haben, rief er aus, ich will, daß man sie allesamt verbrenne.""[1])

Solban muß selber bekennen: „Luther, Zwingli, Calvin, Heinrich VIII. kämpften gegen große und kleine Auswüchse des Pfaffenthums; dem bizarrsten, dem Hexenprozesse, hat kein Reformator die Maske abge=. zogen, vielmehr fuhren die Protestanten — nach kurzem Besinnen — fort, mit den Katholiken in unsinniger Verfolgungswuth zu wetteifern,[2]) oder wie Horst in seiner Dämonomagie (pars 2, pag. 128) sagt, daß sie „den Zauberglauben und Hexenprozeß fast weiter trieben und schärfer auffaßten, als in der katholischen Kirche."

Zweifellos ist, daß sich die Protestanten weder von der Bulle Innocenz VIII., noch von dem Hexenhammer der beiden Dominikaner beeinflussen ließen; sie wurden von anderen Motiven, eben vom vollen Hexenwahne, bei ihren Bränden geleitet und waren am fernsten, sich von Rom aus eine Directive geben zu lassen.

So fällt die schwerste Anklage Solban's gegen das Papstthum in sich selber zusammen; und Solban muß zu alledem noch gestehen: „Eigentliche Hexenbrände scheinen in Rom nicht vorgekommen zu sein."[3]) Wie schwer ihm dies Geständniß fiel, geht daraus hervor, daß er die Worte Bergier's und Spe= balieri's, auf die er sich beruft, durch sein „scheinen" abschwächt. Bergier sagt bestimmt: „Man kennt nicht Einen Fall (einer Hexenverbrennung) in Rom",[4]) und ebenso bestimmt Spebalieri: „In Rom ist nie Jemand auf Anklage wegen He= xerei verbrannt worden (wie das öfters in Frankreich ge= schah)."[5])

---

1) Lecky, Geschichte des Ursprungs und Einflusses der Aufklärung in Europa (deutsch von Jolowicz), S. 47. 2) l. c. 1, 2 u. 3. — Als die Katholiken in Biberach eine Hexe verbrannt, packten flugs die Protestanten eine der Ihrigen, um das Gleichgewicht herzustellen. Dr. Osterdinger. 3) l. c. 2, 207. 4) „L'on n'en connoit aucun exemple à Rome." Dict. theol. Art. Inquis. 5) „In Roma non si è mai bruciato alcuno per accusa di stregoneria, come piu volte e accaduto in Francia." Analisi dell' esamine critico etc. Cap. X art. V. § 5.

Die katholischen Theologen.

„Das Schlimmste ist, daß in der katholischen Kirche die Wissenschaft und das Kirchenregiment den heidnischen Dämonismus und den Glauben an Hexerei auch noch im 19. Jahrhundert zu vertreten und zu lehren wagen können" — jammert Solban noch einmal im 2. Band seiner „Geschichte der Hexenprozesse" S. 348. Zum Belege dessen beruft er sich auf den „angesehensten und gefeiertsten Dogmatiker in der katholischen Kirche, einst das Orakel des Papstes Pius IX., Prof. zu Rom Johannes Perrone" und den „anerkanntesten Moraltheologen, Seminarprofessor Johann Peter Gury," · „beide Jesuiten." Das „Kirchenregiment" vertritt der „Modus invandi (juvandi) afflictos a daemone" von Dr. Andreas Gaßner in Salzburg vom Jahr 1869, der uns darüber unterrichtet, „wie gegenwärtig die katholische Kirche mit ihrer exorcistischen Gewalt zu dem überlieferten Dämonenglauben steht."

Gehen auch wir von Perrone aus, der im 5. Bande seiner Dogmatik[1]) die wichtige Frage behandelt über die **Möglichkeit, mit dem Satan einen Vertrag eingehen und mit ihm in Verbindung treten zu können.** Perrone bejaht die Frage als communis sententia (allgemeine Schulmeinung), die ohne gewisse Verwegenheit nicht bezweifelt werden könne, wenn einmal **die Existenz der bösen Geister** und die Bosheit ihres Wesens anerkannt werde.[2]) Würde es also Verwegenheit und Leichtfertigkeit verrathen, die Möglichkeit eines solchen Vertrags zu leugnen, trotzdem daß sehr umsichtige und verständige Männer, fern von allem Aberglauben, dies nicht wagten, so ist gleichwohl Perrone's Bejahung **keine** dogmatische Entscheidung im vollen Sinne des Wortes.[3]) „**Kirchliches Dogma**" aber „und **tausendfach in der hl. Schrift vorausgesezt ist es, daß es „böse" oder unreine, d. h. in der Bosheit verhärtete und auf nichts als Böses sinnende Geister gibt und zwar in großer Zahl.**"[4]) Darum ist nichts unverträglicher als aufrichtiger Glaube an die hl.

---

1) Cap. V. De daemonum cum hominibus commercio. 2) Data semel daemonum existentia eorumque malefica indole; quid impedit quominus ipsi, Deo permittente, pacta ineant cum pessimis hominibus ad eorum perniciem ac mirabilia operentur? 3) cfr. Dr. Oswald, Angelologie. Paderborn, Schöningh. S. 205. Diese herrliche Monographie soll Jedem besonders empfohlen sein, der sich über die guten und bösen Engel des Näheren belehren lassen will. 4) Dr. Scheeben, Handbuch der kath. Dogmatik. 2. Bd. S. 575. Freib. 1878.

Schrift als Gotteswort und Leugnung der Existenz des Teufels; und wer das Dasein der bösen Geister leugnet oder die bösen Geister blos für Sinnbilder der Bosheit, für schlechte Gedanken, Versuchung und dergl. halten und erklären will, tritt dem christlichen Glauben schnurgerade entgegen. Daß dieses trotzdem leider zu oft geschieht, wenn auch nur aus bloßer Sucht, gegen die sogen. Aufklärung unserer Zeit nicht zurückzubleiben, lehrt die Erfahrung. Nach Prof. Klee[1]) war es da die feinste Diplomatie Satans, die Leute zu überreden, daß er gar nicht existire. Müssen wir der Leugnung der Existenz des Teufels mit aller Energie entgegentreten und ist, mit Dr. Scheeben zu sprechen, „die theoretische Annahme der Möglichkeit und Wirklichkeit außerordentlicher Einwirkung des Teufels und der Vermittlung derselben durch menschliche Organe kein Aberglaube, sondern rechter und nothwendiger Glaube, und die Leugnung des Inhalts dieses Glaubens sündhafter Aberglaube" — so kann gleichwohl diese theoretische Annahme zum Aberglauben führen. „Die theoretische Annahme wird aber in dieser Beziehung dann zum Aberglauben, wenn man entweder principiell die Tragweite und Macht der bösen Geister zu weit ausdehnt, oder thatsächlich ein Eingreifen derselben annimmt, wo kein hinreichender Grund dafür vorliegt."[2])

Sonach ist es von größter Wichtigkeit, die Tragweite und Macht der bösen Geister resp. des Satans zu kennen, um den „rechten und nothwendigen" theologischen Glauben vom Aberglauben zu unterscheiden und das **ganze Hexenwesen in den einzelnen Fällen zu prüfen.**

Solban beruft sich nach Perrone auf die Moral Gury's, um „die in der katholischen Kirche der Gegenwart vorgetragene Lehre vom Hexenwesen" zu constatiren. Wenn Gury die eigentliche Hexerei als ars nocendi proximo variis ope daemonis, idque variis modis, v. gr. morbis, hebetudine etc. definirt, also als „Kunst dem Nächsten auf verschiedene Weise mit Hilfe des Satans zu schaden, z. B. durch Krankheit, Gebrechlichkeit u. s. w.", so stimmt er zutreffend mit dem angesehensten Moralisten der neueren Zeit, dem hl. Liguori, überein. Nur verschärft dieser das „ope daemonis" noch mit „ex pacto", d. h. „gemäß eines Vertrages."[3])

Da wir uns über dieses Vertragsverhältniß bereits ausgesprochen,

---

1) Dogmatik 2, 259. 2) l. c. 681. 3) Theol. moral. Lib. 4. tract. 1, 23 de malef.

genüge hier die Bemerkung, daß die Moralisten schon das **fingirte Attentat** einer solchen Verbindung mit dem Satan für ein **scheußliches Verbrechen** erklären.

Die nächste Frage ist auch hier, wie weit erstreckt sich die „ars nocendi", die mit Hilfe des Satans erlangte Kunst zu schaden, also auch seine eigene Macht, oder wiederum, welches ist die Tragweite und Macht der bösen Geister?

Wir haben gehört, was unsere oberschwäbischen Hexen selber bekannt, wie sie von ihrer Kunst Gebrauch gemacht haben. Sprachen sie die Wahrheit, oder waren sie Betrüger, vielleicht selber betrogen?

Zur Beantwortung dieser wichtigsten Fragen wollen wir einen deutsch schreibenden Moralisten und zwar den geschätzten Prof. Dr. v. Linsenmann in Tübingen zum Führer nehmen, zugleich im Anschluß an Dr. Simar, Professor der kath. Theologie in Bonn.

Linsenmann bahnt in seiner Moraltheologie[1]) den Weg zur Unterscheidung des theologischen vom Aberglauben in folgenden drei Sätzen:

1) „**Der Satan ist nicht ein selbständiges Prinzip mit selbständiger Macht**, sondern er ist Gott unterworfen und unbedingt in diejenige Machtsphäre gebannt, welche Gott ihm einräumt, damit die höheren Zwecke der Weltordnung — z. B. die Erprobung der Guten und die Bestrafung der Bösen — gefördert werden." — „**Alle Macht Satans wird von Gottes Wink und Zulassung regiert**", sagt der römische Katechismus.[2])

Hieraus folgt, daß „dem Satan keineswegs Gewalt gegeben zum Spiele einer dämonischen Laune, zum bloßen Necken, Schrecken, Peinigen oder Spotten, zum bloßen Affenspiele und Spuk." Zieht Linsenmann hier die richtigen Folgerungen, und wir glauben es, so muß Vieles, was auf Rechnung des Satans geschrieben steht, in Abzug gebracht werden.

2) „**Der Satan hat nicht die Macht, Wunder zu wirken** oder die bestehende Ordnung der Dinge zu beugen oder zu brechen; wenn er auf die Natur- und Menschenwelt einwirkt, so kann er es nur mit Benützung der in der körperlichen und geistigen Creatur

---

1) Freib., Herder 1878, S. 357 ff. 2) 2. Catech. rom. p. IV c. 15. 9. 8. Die bösen Geister, sagt der hl. Augustinus, sind den zum Arbeiten in Bergwerken verurtheilten Verbrechern vergleichbar, denen ja auch Wasser, Feuer und Erde zur Verfügung steht, um daraus zu machen, was sie wollen, aber nur, so weit es ihnen gestattet wird. de Trinit. III. 8, 13.

vorhandenen Kräfte, und seine höhere Macht besteht nur in einer tieferen Einsicht und gesteigerten Benützung dieser Kräfte."

Als Consequenz aus diesem Satze fügt Linsenmann bei: „Satan mag als Physiker und Magiker an Kenntniß der Naturkräfte und der Blendwerke, und mag alle Psychologen an Kenntniß des Innern der Menschen übertreffen; aber sich in unserer Sinnenwelt offenbaren kann er nur durch natürliche Mittel."

„Um den Schein, sagt diesbezüglich Simar,[1]) der die Naturkräfte überschreitenden Wirkungen hervorzubringen, können die Dämonen bloß innerer Phantasievorstellungen sich bedienen, die sie erwecken oder sogen. Illusionen, d. h. falsche Auffassungen thatsächlich vorhandener Sinneseindrücke, hervorrufen oder auch wirkliche materielle Scheingebilde aus vorhandenen Stoffen produziren." „Die Möglichkeit dieser Scheinwunder", die der Natur des Teufels entsprechend selbstverständlich in erster Linie auf Schädigung eines Menschen resp. Nebenmenschen abzielen, „kann und muß zugegeben werden. Wo solches thatsächlich vorliegt, ist es auf dämonische Wirksamkeit zurückzuführen."

Verhält es sich also, dann hat der berühmte Exegete Calmet recht, wenn er in seiner Abhandlung „über Geistererscheinungen" eine Beschreibung vom Hexensabbath mit den Worten einleitet: „Eine solche Beschreibung geben wollen, hieße beschreiben, was nicht existirt oder nur in der (vom Teufel) verführten Einbildung der Hexenmeister und Hexen bestanden hat: die Schilderungen, die man uns hievon macht, entsprechen den Träumereien derjenigen, die sich einbilden, mitten durch die Lüfte mit Leib und Seele an den Ort versetzt zu werden, wo der Sabbath gefeiert wird."[2]) — Dem entsprechend lautet der

3. Satz Linsemann's: „Die Manifestation des Dämonischen kann nur der direkte Gegensatz gegen alles wahrhaft Seiende und Göttliche sein, bloßer Schein, Lug und Trug ohne irgend welchen Bestand. Dem Satan muß daran liegen, in den Menschen einen Glauben an sein Blendwerk zu erwecken; sein Zweck kann nicht gründlicher vereitelt werden, als wenn man ihn ignorirt, wenn man allem, was sich als dämonische Manifestation ausgibt, schlechthinige Skepsis entgegensezt; nicht

---

1) „Der Aberglaube", Köln 1878, 22 u. ff., wo Simar ausführlich über die sog. dämonischen Wunder abhandelt. 2) Aus dem Französ. Regensb., Manz. S. 108.

ben Zweifel an der theologischen Wahrheit, sondern den Zweifel an seinen Blendwerken."

Aus diesem Satze zieht Linsenmann die schärfste Folgerung, wenn er sagt: „**Der Glaube an das Hexenwesen ist selbst viel mehr Satanswerk, als alle Schauerdinge, welche die Hexen verrichtet haben sollen.** Mit dem Aufhören des Hexenglaubens hört die Hexerei von selbst auf." „Sollte aber im Ernste, fügt Linsenmann noch bei, die Meinung bestehen, daß Teufelsfurcht eine Vorstufe der Gottesfurcht sei, so muß hiegegen im Namen der christlichen Moral protestirt werden. **Wer wahrhaft Gott fürchtet, braucht den Teufel nicht zu fürchten.**"

Ob wir auf diesem Wege und unter dieser Führung zur vollen Zufriedenheit unserer Leser, **die noch an Gott und Teufel glauben**, aus dem Labyrinthe des so weit verzweigten, bis in das Paradies zurückweisenden und in die Abgründe der Hölle sich versenkenden Hexenwesens herausgekommen? Es wird sich zeigen. Den abscheulichen Augiasstall des **Succuben- und Incubenwesens** lassen wir unberührt. „Wir halten solchen Umgang für unmöglich, weil Satan als ein geistiges Wesen fleischlicher Aktionen unfähig erscheint";[1] wenn aber je, so beruht auch hier alles auf Lug und Trug.

„Was die belirirenden Weiber über ihr ekelhaftes Thun und Treiben mit dem höllischen Meister erzählen, findet die befriedigendste Erklärung, wenn wenigstens eine moralische Mitwirkung jener Unholde, die der Herr einst unter die Säue trieb, dabei zugelassen wird."[2]

Der Exorcistat.

„Der von der katholischen Kirche der Gegenwart gehegten und gepflegten Lehre vom Teufel und dessen Dämonen, von der Möglichkeit der Eingehung eines Bundes mit dem Teufel und einer mit teuflischer Hilfe ausgeübten, die Menschen an Leib und Seele schädigenden Hexerei entspricht nun die **Magie**, welche die kathol. Kirche selbst mittelst ihrer **Exorcismen** ausübt, um die Werke des Fürsten der Finsterniß zu zerstören und die Menschen von diabolischen Plagen zu befreien." Abermalige Klage Solban's gegen die katholische Kirche „der Gegenwart", die er begründet findet in dem „unzähligemal ausgesprochenen Gedanken: „Wenn das, was man in der Kirche von

---

1) Oswald l. c. 207. 2) Dr. Schneider l. c. S. 50.

der Wirksamkeit des Teufels und der Dämonen lehrt, nur auf Einbildung oder Täuschung beruhte, so wäre ja die exorcistische Gewalt der Kirche und der von der Kirche aufgestellte ordo exorcistarum ganz unnütz; wozu wären dann also die Exorcismen da?"

Wie es in dieser Beziehung die Kirche der Gegenwart treibt, erhellt, sagt Solban weiter, am Schlagendsten aus dem „mit Gutheißung des hochw. Ordensgeneral der minderen Brüder (Rom, 28. Juni 1851) im Jahre 1855 in München von dem Definitor Prov. Pater Franz Xaver Lohbauer herausgegebenen „Rituale ecclesiasticum ad usum Clericorum ord. S. Francisci." Aus diesem Rituale hat Dr. Andreas Gaßner in Salzburg in seinem „Handbuch der Pastoraltheologie" einen Auszug geliefert, und ein Separatdruck eines einzelnen Abschnittes dieses Handbuches ist es, den Gaßner in der kleinen Schrift „Modus juvandi afflictos a daemone" 1869 in Salzburg erscheinen ließ. Wer sich thatsächlich von der in der katholischen Kirche der Gegenwart ausgeübten Magie überzeugen will, lese das Büchlein mit seinen „verschiedenen Gattungen der vom Teufel Angefallenen" und die „Vorschriften über die Anwendung der Beschwörungsformeln", und er wird sich auf's Neue überzeugen, daß „der abergläubische Dämonismus, wie er einst aus dem Heidenthum in die christliche Kirche eingedrungen, unter kirchlicher Approbation und Autorisation auch noch im 19. Jahrhundert der Kirche gelehrt wird."

Zu seinem und unserem Glücke ist der gute Solban gestorben, ehe ihm das allerneueste Büchlein von Dr. Bischofberger „Die Verwaltung des Exorcistats"[1]) zu Gesichte kam. So ist ihm ein neuer Grimm und uns eine wiederholte Anklage auf „heidnischen Dämonismus" und kirchliche „Magie" erspart worden; denn nach Bischofberger gibt es heutzutage „noch ein ganzes Heer dämonischer Plagen", „dämonische Krankheiten", „infestirte Wohnungen, Ställe und Vieh", „geheime Wegnahme der Milch", sogar „durch Zauber bewirkten dämonischen Diebstahl", ja sogar „Besessenheiten", wenngleich diese „heutzutage in den christlichen Ländern seltene Erscheinungen" sind. Vielleicht wäre es übrigens Solban ein Trost gewesen, daß das Büchlein keine Approbation trägt; uns hat es auf ein bedeutungsvolles, bisher meist übersehenes Moment in der

---

1) Leutkirch, bei Roth, 1884.

Geschichte des Hexenwesens aufmerksam gemacht, wie es uns doppelte Veranlassung gibt, den Vorwurf des „heidnischen Dämonismus in der Kirche" zurückzuweisen und die „Magie" der katholischen Kirche, d. h. den Exorcistat etwas zu beleuchten.

Von heidnischem Dämonismus in der kath. Kirche sollte der am wenigsten reden, welcher mit Solbau Christus als „Gottes Sohn" und „Erlöser" der Welt anerkennt, da als biblische Thatsache unumstößlich festsieht, daß der „Heiland selbst in eigener Macht= fülle Dämonen ausgetrieben[1]) (daemonem ejicere) und die Apostel unter Anrufung seines Namens dies gethan haben.[2]) Unumstößlich steht fest, daß der Heiland vor allem Volke die Dämonen förmlich anredet und die Angeredeten geradezu als Dämonen oder als unreine Geister bezeichnet, so den Dämonischen von Kapharnaum,[3]) — daß er sogar ein förmliches Zwiegespräch mit den Dämonischen führt, z. B. die beiden Gerasener,[4]) — daß die Geister bisweilen unter großem Lärm ausfahren, wie zu Kapharnaum und beim Mondsüchtigen.[5]) — Das Volk und seine Führer, die Pharisäer, nehmen keinen Anstand, die Wahrheit der Austreibung der Teufel durch Christus anzuerkennen; nur schreiben schon sie diese Austreibung einer magischen Kraft zu, der Verbindung mit Beelzebub, dem Obersten der Teufel. Wie der Heiland den Vorwurf dieser „Magie"[6]) zurückgewiesen, ist bekannt (Matth. 12, 25, 26).[7]) — Dieselbe Macht — „die Werke des Teufels aufzulösen", wie der hl. Johannes sagt — übertrug der Heiland auf seine Apostel: „er gab ihnen nach Matthäus 10, 1 Macht über die unreinen Geister, sie auszutreiben"; aber nicht bloß seinen Aposteln, sondern auch seinen 72 Jüngern gab er diese Vollmacht, die sie mit Erfolg ausgeübt haben (Luk. 10, 17). Bei seiner Himmelfahrt sprach der Herr sogar: „Es werden aber solche Zeichen diejenigen be= gleiten, die da glauben: In meinem Namen werden sie Teufel austreiben." — Also weist der Exorcistat bis auf

---

1) cfr. z. B. Marcus 1, 25 u. 26. „Schweig und fahre aus von dem Men= schen! Und der unreine Geist fuhr aus von ihm." 2) Apost.=Gesch. 16, 18. „Ich gebiete dir im Namen Jesu Christi, fahr aus von ihr! Und er fuhr aus in eben dieser Zeit." 3) Marc. 9, 24. „Du tauber und stummer Geist! Ich gebiete dir, fahre von ihm aus und fahre nicht wieder in ihn ein." 4) Matth. 8, 29 ff. 5) „Marc. 9, 25. 6) Eine Abhandlung über „die göttliche Magie" und die göttlich-magische Kraft in der Kirche" findet sich bei Ackermann: „Der Fall und die Erlösung." Luzern 1835. 7) „Wenn der Satan austreibt, so ist er unter sich uneins; wie wird denn sein Reich bestehen."

Christus, den Herrn, zurück; aus dem Munde Christi selber hatten die Apostel und Jünger den Exorcismus, dessen rituelle Ausbildung nach Probst[1]) sich gleichfalls auf das apostolische Zeitalter zurückdatiren läßt. So kann von einer „Magie" der kath. Kirche „der Gegenwart"—doppelt keine Rede sein. Schon der hl. Ignatius, der Schüler der Apostel, gedenkt der Exorcisten in der kirchlichen Aemterfolge. Justinus in seinem Dialoge sagt: „Die Kraft des Namens Christi fürchten die Dämonen und zittern; zu dieser Stunde noch durch ihn beschworen, thun sie, was ihnen aufgelegt und befohlen wird." Irenäus aber: „Die wahren Jünger des Erlösers üben, durch die von ihm empfangene Gnade, an den andern Menschen Wohlthaten aller Art. Denn etliche treiben so gewiß und wahrhaft Dämonen aus, daß oft die Befreiten den Glauben deswegen annehmen und fortan in ihm verharren." Der Papst Cornelius in seinem Briefe an Fabius von Antiochia führt an, wie in der römischen Kirche 52 Exorcisten angestellt sind.[2]) „Die katholische Kirche der Gegenwart" bewährt sich also nach dieser von Solban so schwer beschuldigten Seite als wahrhaft apostolische Kirche.

Daß freilich selbst „viele Katholiken die Beschwörungen und Segnungen ihrer Kirche für etwas Uebertriebenes und für etwas solches, das noch immer an den Aberglauben des Mittelalters erinnert, halten," glaubt Prof. Dr. Schneid in seinen Untersuchungen über den neueren Spiritismus[3]) nicht verschweigen zu können. Und doch beweist eben dieser Spiritismus handgreiflich, „wie sehr die Kirche mit ihren Sakramentalien im Recht ist." Denn „alle wissenschaftlichen Arbeiten, die in den lezten Jahren von katholischer Seite hierüber veröffentlicht wurden, schreiben die spiritistischen Erscheinungen fast einstimmig der infernalen Macht zu, sie begründen geradezu aus diesen Phänomenen die Existenz der bösen Geister." —

Daß die Kirche gleichwohl in einem concreten Falle, bei dieser so heiklen und schwierigen Materie für die Exorcisten das „ne facile

---

1) Sacramente und Sacramentalien in den ersten 3 Jahrh. 2) Görres 4, 1 S. 327 u. 28. 3) Eichstätt 1880, S. 141 u. 63. — cfr. hiezu Dr. Schneider l. c., der zwar nicht den ganzen Spiritismus für ein Blend- und Trugwerk der Dämonen hält (S 416), aber sagt: „Wenn es böse Geister gibt, welche die Macht besitzen, den Menschen zu schaden, so steht unter allen Uebeln der modernen Gesellschaft hinsichtlich der Frage nach dämonischer Mitwirkung zu diesen Miseren der Spiritismus obenan." (S. 422.)

credat" in ihren Agenden besonders premirt, vor der Leichtgläubigkeit besonders warnt, weiß jeder Theologe. Wenn darum Dr. Schneid[1]) sagt: „die Herrschaft des Satans breitet sich am Meisten aus, wenn man nicht an ihn glaubt", so liefern doch umgekehrt die Hexenprozesse des 16. und 17. Jahrhunderts den Beweis, daß die zum Aberglauben führende Leichtgläubigkeit die Herrschaft des Satans erst recht befestigt und an dem Elende der Hexenprozesse vielleicht die größte Schuld mitzutragen hat.

Wir haben oben angedeutet, daß uns Dr. Bischofberger's Schriftlein „die Verwaltung des Exorcistats" resp. die vorbereitenden Artikel im Rottenburger Pastoralblatt auf ein bedeutungsvolles, bisher meist übersehenes Moment aufmerksam gemacht haben. Dr. Bischofberger sucht nämlich nachzuweisen, daß „Satan den Klerus in einen Hinterhalt voll Trug und Schande gelockt, ohne daß dieser es merkte", und dies dadurch, daß in Folge des Auftretens der Albigensischen Ketzerei mit ihrem unerhörten Zauberwesen „Exorcismen und Benediktionen immer mehr gegen den Zauber, nicht mehr unmittelbar gegen den Dämon gerichtet sind."[2]) „Damit wurde die Sache auf den Kopf gestellt. Denn in gewöhnlichen Zeiten kommt Zauberei im Ganzen selten vor, während spontane Infestationen der bösen Geister keineswegs zu den Seltenheiten gehören."[3]) Durch fortwährende Anwendung dieser Exorcismen gegen den Zauber (contra maleficia) „wurde das Bewußtsein der christlichen Völker in einem Punkte von höchster Wichtigkeit gefälscht. Die Geistlichen sogen den Irrwahn aus ihren alterirten Agenden ein und von da verbreitete er sich durch alle Stände. Alles Ungerade wurde der Zauberei zugeschrieben. An spontanes Infestiren der Dämonen, was doch diesfalls das Gewöhnliche ist, dachte kein Mensch mehr. Bei jeder Krankheit des Viehes, bei jedem Uebelbefinden eines Familienmitgliedes, bei jedem nächtlichen Gepolter stellte man nicht mehr die Frage: ist nicht allenfalls die Macht der bösen Geister der Finsterniß im Spiel? sondern die andere: wo ist der Zauberer oder das Hexenweib zu suchen, welches durch ihr Bündniß mit dem Bösen dies hervorgerufen hat?

Nicht bloß das einfältige Landvolk dachte so, sondern auch die Stadtbürger, die Beamten, die Aerzte, der Adel, die Richter, die Fürsten. Kurz, der Zauberglaube war allgemein. Vom allgemeinen Zauber- und Hexenglauben aber bis zu den Hexenprozessen

---

1) l. c. 2) Kirchenbl. 1883, Nro S. 35. 3) Exorc. 19 u. 20.

ist nur ein kleiner Schritt."¹) Er geschah. „Die Geschichte belehrt uns, daß dieser Schritt gethan und daß das Uebel durch die unterdeß eingetretene Reformation nur noch verschärft wurde."²) Sollte keine Hilfe kommen und woher? „Solche konnte nur vom apostolischen Stuhle kommen. Und sie kam in der That daher. Paul V. (1605—21) nahm eine radikale Reform des Rituals bezw. Benedictionals vor und **zerstörte dadurch das Brutnest des Irrwahns**."³) Darum, sagt Bischofberger mit Recht, ist es unbillig und ungerecht, daß das Verdienst des Papstes Paul V., die Hexenprozesse betreffend, in der Regel übersehen wird.

Daß die einzelnen Bischöfe trotzdem ihre alten Benedictionalien beibehielten, fällt auf ihre Verantwortung. Doppelt wahr aber ist nunmehr das Wort Dr. Oswald's:⁴) „Auch innerhalb der Kirche können bei den Gläubigen Irrungen vorkommen, und der Hexenwahn liefert dafür die schrecklichsten Beweise; allein in ihr heilt sich das Uebel von selbst aus, ohne daß mit dem Bade das Kind verschüttet, d. h. der **christliche Lehrgehalt** verflüchtigt werde." „Auch der Protestantismus ist von seinen gräßlichen Vorurtheilen frei geworden, aber nur indem er die gesunde Lehre von der Existenz des Teufels und seiner Wirksamkeit preisgab." Die größten Verdienste erwarb sich von **protestantischer Seite** der berühmte Jurist Thomasius im Anfange des 18. Jahrhunderts. Als aber **von Thomasius abwärts** die Rationalisten eingetroffen, war Alles längst abgethan. Ihr Verdienst ist nur, daß sie der allzugroßen Leichtgläubigkeit in diesem Gebiete Schranken gesetzt; dafür brach nun gänzlicher Unglaube ein. Auf der Tenne, worauf diese umhergestampft, wuchs kein Grashalm mehr, weder Kraut noch Unkraut; und sie wurde nun die Reitschule, auf der sie sich im Kreislauf übten, und zur Stunde noch üben.⁵)

Die Resultirende.

Die unglückselige Mutter des Hexenwahns mit seinen Hexenprozessen ist die Leichtgläubigkeit. Diese Leichtgläubigkeit mit der abergläubischen Furcht vor dem Teufel, dem Ueberschätzen seiner Macht steigerte den Hexenwahn des 16. und 17. Jahrhunderts zur Epidemie.

---

1) Kirchenbl. l. c. 36. 2) Exorc. 21. 3) Kirchenbl. l. c. 36. 4) l. c. 211 und 12. 5) Görres l. c. 649.

In seiner Abhandlung „über den Glauben an das Wunderbare" kann P. Kleutgen „sich nicht verhehlen, daß die **Leichtgläubigkeit und der unbesonnene Eifer** in diesen Stücken ein ebenso großes und zuweilen ein noch größeres Uebel ist, als die Hartgläubigkeit und Zweifelsucht."[1] Den traurigsten Beweis für dieses „größere Uebel" glauben wir im Hexenwahn gefunden zu haben. Als Hexe steht bei dieser Leichtgläubigkeit der Teufel in Menschengestalt mitten in einem Gemeindewesen. Hier äußert er seine dämonische Macht in den verheerenden, Tod und Verderben bringenden Wirkungen gegenüber von Menschen und Vieh, Feld und Flur.[2] Seine Macht zu brechen, und zwar **schonungslos**, war eine Forderung, die im Interesse eines ganzen Bezirkes gestellt wurde. Jedes Geständniß erregte neues Entsetzen; es wurde immer wieder inquirirt und damit besonders auf die Bezeichnung weiterer Hexen. Erst wann die ganze Hexenbande einer Gegend bekannt war, konnte man daran denken, das Uebel dort wenigstens mit Stumpf und Stiel auszurotten.[3]

Der volle **epidemische** Charakter des Hexenwahns, d. h. der zur Hallucination gesteigerte Ueberreiz des Nervensystems ist gerade in unserem Schwabenlande am Eclatantesten zu Tage getreten.

Es war im Jahre 1673, als in Calw Kinder von 7—10 Jahren in furchtbare Aufregung kamen. Voll Schrecken und Angst, besonders bei nächtlicher Finsterniß sahen diese armen Kinder überall den Teufel, der gekommen, sie auf Gabeln, Böcken, Gaisen, Hühnern, Katzen in die Hexenversammlungen zu entführen. Sie bekennen, daß dies in der That öfters geschehen, beten aber und flehen, daß andere für sie beten, damit der Teufel diese Gewalt nicht mehr über sie habe. „Man hat aber durch fleißiges Bewachen und Hüten der Kinder wahrgenom-

---

1) Das Ev. des hl. Matth., nebst einer Abh. über das Wunderbare. Freib. 1882. S. 267. 2) chr. P. Weiß, Apologie des Christenthums, Freib. 1879, 2. Bd. „Es darf Niemand wundern, wenn die Macht des Satans so groß ist. Nichtsdestoweniger kann es nicht gerechtfertigt werden, wenn man dessen Einfluß derart übertreibt, daß er schließlich als die einzige Gewalt erscheint, die in der Welt thätig ist. Es ist sehr schlimm und heißt dem Bösen geradezu die Welt ausliefern, ist diese Verirrung einmal so weit gediehen, wie die seit Ende des 15. Jahrhunderts in den Köpfen spukenden Anschauungen gegangen sind." (S. 401) 3) „Man soll des Brösés Weib und dann die Wörlin von Gugenhausen einziehen, zuvor könne und woll sie nit sterben, und werde man zwei Hexenmeister finden bei diesen Personen, daß es ein Grenel sein werde, wodurch die ganze Herrschaft möchte von diesem Laster gesäubert werden", — sagt die öfters genannte Kath. Bosch von Wald.

men, daß wahrhaftig ihr Leib nirgends hinweggeführt wird, sondern im Bett oder auch im Schoos und in den Armen der Eltern und wachenden Anverwandten liegen bleibt, bei einem festen Schlaf, der bei einigen ganz natürlich scheinet, daß man sie leicht erwecken kann, bei anderen aber einer harten Erstarrung ähnlich ist, dabei auch die Glieder derselben erkalten."[1)]

Die Möglichkeit und Wirklichkeit der Hexerei bis zu dem Grade, daß er die Macht des Satans nicht übersteigt, kann nicht geleugnet werden.

Alles auf das dämonische Gebiet Bezügliche als bloßen Volks=aberglauben zu betrachten, wurzelt im Unglauben.[2)]

Wir schenken also den Worten Spee's vollen Glauben, wenn er sagt: „Die Summe der verwirrten Gedankenrechnung zusammenziehend, habe ich für wahr halten müssen, daß solche Verbrecher bestehen und dieses ohne Frevelmuth und groben Unverstand nicht geleugnet werden kann." **Solche Verbrecher bestehen!** Daß es zu allen Zeiten Leute gegeben hat, heute noch solche gibt und wohl in den genannten Jahrhunderten am meisten solcher Leute gab, die mit dem Teufel ein Bündniß eingehen, sich demselben verschreiben und ergeben wollten, kann am wenigsten geleugnet werden. Wenn aber der Ver=fasser der zur Einleitung genannten „Hexenprozesse" im Broschüren=Cyclus mit dem Hinweis auf diese Versuche kurzweg sagt: „Die Existenz der Hexen läßt sich somit nicht in Abrede stellen", so heißt das eine so wichtige Frage viel zu leicht genommen.

Die Existenz der Hexen muß Fall für Fall nachgewiesen werden.

Dr. Scheeben hätte aus den „zahlreichen, hinreichend verbürgten That=sachen" doch wenigstens einen Fall herausgreifen sollen, wo bei der von ihm selbst betonten Vorsicht „die Hexe in concreto" vor uns steht.

Ich selber kenne, **unser Oberschwaben betreffend,** viele glückselig vollendeten Menschenkinder, die von dem Papste „heilig" und „selig" gesprochen, von der kath. Kirche verehrt werden, aber keines, auch nicht eines, das von der Kirche und ihrem Ober=haupte als Hexe gebrandmarkt worden wäre.

Was die einzelnen kirchlichen Organe in den Hexen=prozessen sich zu Schulden kommen ließen, ist ihre eigene

---

1) Schindler, der Aberglaube des Mittelalters, S. 340. 2) „Omnia, quae ad daemoniacas superstitiones spectant ad solam vulgi opionem referre procedit, ait S. Thomas (4. sent. q. 1. a. 3) ex radice infidelitatis, quia non creditur esse daemones." Inst. Theol. etc. Salvatoris Magnasco, Erzb. v. Genua. 1877. Tom. II, p. 405.

Schuld. In wie weit sie als Kinder ihrer Zeit im speziellen Falle entschuldigt werden können, ist hier festzustellen, nicht unsere Sache. Doch Eines muß noch besonders hervorgehoben werden. Erst als die Hexenprozesse säcularisirt waren und die Jurisdiction ganz den weltlichen Machthabern anheimgefallen war, wurde am Entsetzlichsten „gebrannt." Unsere schwäbischen Reichsstädte, Fürsten und Grafen inquirirten, folterten, verurtheilten, executirten in Sachen der Hexerei lediglich auf eigene Faust. Wohl war schon im Jahr 1657 in der Druckerei der apost. Kammer in Rom eine Instruction für die Prozesse in Sachen der Hexen, Zauberer und Malefiker erschienen, in der offen zugegeben wurde, „wie die schwersten Irrthümer gegen das Hexenwesen zum Nachtheile der Gerechtigkeit und der angeklagten Frauen begangen werden, ... wie kaum je einmal ein Prozeß der Art regelmäßig und in Rechtsform geführt worden; ... wodurch es denn gekommen ist, daß überaus viele und ungerechte Todesurtheile oder Uebergaben an den weltlichen Arm erfolgt sind."[1]) — Die Instruction blieb selbst von Bischöfen und Prälaten unbeachtet, weil sie einen Hexenfall vor Allem als weltliche Obrigkeit durch ihre Vögte und Amtsleute, Oberamt und Oberamtsgericht abwandelten.[2])

Daß uns dieser und jener Richter mit seinen Henkersknechten mehr noch als die angeklagte Hexe wie ein personifizirter Teufel entgegentritt, kann dokumentarisch nachgewiesen werden.

Wie viele Justizmorde[3]) bei diesen Prozessen auch in unserm Oberschwaben geschehen, weiß der liebe Gott allein. Er allein weiß aber auch, wie wir selbst als Kinder jener Zeit geurtheilt hätten. — Wem der Hexenwahn des 16. und 17. Jahrhunderts jetzt noch unerfaßlich ist, der verfolge die Geschichte des neueren Spiritismus, der seine Anhänger in Amerika allein auf zehn Millionen beziffert.[4])

---

1) Görres l. c. 4, 2 S. 652 ff. 2) cfr. Marchthal. 3) Das Wort selbst scheint seine Einführung dem lezten Hexenprozeß zu verdanken. Bekanntlich wurde die letzte Hexe, Anna Göldi, im Jahr 1782 in dem protestantischen Glarus hingerichtet. Schlözer brachte den Fall in s. Staatsanzeiger 1782, S. 273, unter dem Titel „Abermaliger Justizmord in der Schweiz", wobei er bemerkt: „Ich verstehe unter diesem neuen Worte die Ermordung eines Unschuldigen, vorsätzlich und sogar unter dem Pompe der Justiz, verübt von Leuten, die gesetzt sind, daß sie verhüten sollen, daß kein Mord geschehe oder falls er geschehen, doch gehörig gestraft werde." (cfr. Jahrbuch des histor. Vereins des Kanton Glarus, 1. Heft 1865, S. 9. 4) cfr. Dr. Schneid l. c. S. 29.